区域创新发展质量评价研究

基于泉州国家创新型城市建设的分析

主　编◎邱江鸿

图书在版编目（CIP）数据

区域创新发展质量评价研究：基于泉州国家创新型城市建设的分析/邱江鸿主编. —北京：知识产权出版社，2025.4. —ISBN 978-7-5130-9916-5

Ⅰ. F299.275.73

中国国家版本馆 CIP 数据核字第 2025H3K775 号

内容提要

本书从专利导航视角，围绕国家创新型城市泉州开展区域创新发展质量评价研究，以"技术研发-运营转化"两阶段模型为核心，立足大导航、大质量和大数据，将专利数据作为信息获取和关联主体，结合研发、产业、经营等科技经济数据的挖掘分析，以准确把握创新活动特征满足城市发展要求的程度，推动建立专利导航城市创新发展决策机制，利用专利导航理念从城市层面进行诊断与规划，为泉州国家创新型城市建设提供路径建议。本书是区域规划类专利导航中的区域创新质量分析评价类专利导航在泉州市实际运用的良好范本，兼具实践性与可操作性，对于城市等区域创新发展尤其是知识产权发展的管理工作具有深刻的指导意义。本书适合国家相关政府职能部门，以及省份、城市等区域知识产权管理部门与人员阅读参考。

责任编辑：张利萍　　　　　　　　　　责任校对：潘凤越
封面设计：杨杨工作室·张冀　　　　　责任印制：刘译文

区域创新发展质量评价研究
——基于泉州国家创新型城市建设的分析

邱江鸿　主编

出版发行	知识产权出版社有限责任公司	网　　址	http://www.ipph.cn
社　　址	北京市海淀区气象路 50 号院	邮　　编	100081
责编电话	010-82000860 转 8387	责编邮箱	65109211@qq.com
发行电话	010-82000860 转 8101/8102	发行传真	010-82000893/82005070/82000270
印　　刷	天津嘉恒印务有限公司	经　　销	新华书店、各大网上书店及相关专业书店
开　　本	720mm×1000mm　1/16	印　　张	11.75
版　　次	2025 年 4 月第 1 版	印　　次	2025 年 4 月第 1 次印刷
字　　数	205 千字	定　　价	69.00 元
ISBN 978-7-5130-9916-5			

出版权专有　侵权必究

如有印装质量问题，本社负责调换。

编委会

主　　任：邱江鸿

副主任：陈文钦　蓝　娟　陈婉芬

编　　委：王延晖　王莉莎　庞　鑫
　　　　　　黄礼坤　李雅婷　林高荣

前　言

创新是引领发展的第一动力，保护知识产权就是保护创新。近年来，泉州市以实施国家知识产权运营服务体系建设重点城市和知识产权强市建设示范城市为契机，把科技创新作为全市发展战略支撑，着力推动知识产权与经济发展深度融合，先后印发《泉州市"十四五"知识产权发展专项规划》《泉州市人民政府关于促进知识产权高质量发展的若干意见》《泉州市进一步促进知识产权高质量发展若干措施》等政策文件，制定知识产权创造、运用、保护、管理和服务等主要任务和重点工程，推动泉州市知识产权高质量发展，为建设海丝名城、智造强市、品质泉州提供知识产权保障和支撑。

为全面建设国家创新型城市，打造区域科技创新高地，精准把握泉州市创新现状和创新质量，泉州市知识产权保护中心组织开展区域规划类专利导航项目，并依据项目成果组织编写本书，以专利数据为基础，通过建立多种知识产权数据、科教数据、经济数据等多维度数据的专利导航城市创新高质量发展指数（Patent based Navigation region Innovation high – quality Development index，PNID 指数）模型，深入解构泉州市区域创新发展竞争力及区域创新资源与发展实际之间的科技、企业及产业匹配度等关键问题，并根据知识产权强市发展目标以及城市资源禀赋、区位优势等要素属性，抽取泉州市创新发展质量的典型特征，利用信息图展示知识产权强市创新发展质量的全景"肖像"，最终为泉州市区域、产业、企业、高校、品牌等资源优化布局提供决策参考。

本书编写由编委会统筹，编委会由泉州市知识产权保护中心和华智数创（北京）科技发展有限责任公司多名全程参与泉州市区域创新发展质量评价研究工作的主要成员组成，崔梦丹、林超胤同志亦参加了项目的组织协调、材料收集等工作，具体分工为：邱江鸿确立全书编著大纲及各章节要点，并负责书稿审定；陈文钦、陈婉芬、蓝娟负责全书统稿；邱江鸿、王延晖、陈婉芬、蓝娟、刘瑞等执笔撰写第一章；邱江鸿、王延晖、李雅婷、刘瑞、李旭等执笔撰写第二章；蓝娟、庞鑫、林高荣、李雅婷、崔梦丹等执笔撰写第三章；陈文钦、王莉莎、黄礼坤、李旭、宫晓健等执笔撰写第四章；陈婉芬、王莉莎、庞鑫、黄礼坤、林高荣等执笔撰写第五章；邱江鸿、陈文钦、王莉莎、林超胤、蓝娟等执笔撰写第六章；王莉莎、李采奕、李旭、张思远等负责书中部分数据整理、图表绘制工作。本书撰写过程中，有关单位和专家给予了协助支持，在此一并表示感谢！限于时间紧迫和研究欠深，书中不当之处在所难免，还请读者不吝指正！

希望本书的出版能够为有关知识产权主管部门、科技发展主管部门、各区域企事业单位的知识产权管理人员以及专利信息服务研究人员提供有益参考，为泉州市及同类型国家知识产权示范城市创新驱动发展提供助力。

编委会
2025 年 1 月

目　录

第一章　城市创新发展与专利导航 1
  第一节　城市创新质量 2
  第二节　区域规划类专利导航 4
    一、专利导航概述 4
    二、指标体系 5
  第三节　本书内容 9
    一、分析要点 9
    二、数据来源 12

第二章　国家知识产权示范城市之泉州 15
  第一节　泉州市发展现状 15
    一、经济发展现状 15
    二、产业发展现状 17
    三、科教资源现状 18
    四、政策规划现状 20
  第二节　知识产权现状 24
    一、专利布局现状 25
    二、商标布局现状 33
    三、集成电路布图设计现状 34
    四、地理标志现状 36
  第三节　知识产权省内水平 39
    一、专利活动省内水平 39
    二、商标活动省内水平 41

三、集成电路布图设计申请活动省内水平 …………………… 42
四、地理标志活动省内水平 …………………………………… 42

第三章 泉州市创新发展质量指数 ……………………………… 45
第一节 创新发展质量指数概览 ………………………………… 45
第二节 创新发展竞争力指数分析 ……………………………… 49
第三节 创新发展匹配度指数分析 ……………………………… 51

第四章 泉州市创新发展竞争力 ………………………………… 54
第一节 创新产出状况 …………………………………………… 54
一、专利产出状况 ……………………………………………… 54
二、商标产出状况 ……………………………………………… 64
三、地理标志产出状况 ………………………………………… 67
四、集成电路布图设计产出状况 ……………………………… 69
第二节 创新要素集聚状况 ……………………………………… 71
一、发明创造主体集聚状况 …………………………………… 71
二、权利拥有主体集聚状况 …………………………………… 77
第三节 创新产出效益状况 ……………………………………… 82
一、专利运营状况 ……………………………………………… 82
二、专利效益状况 ……………………………………………… 84
三、产业效益状况 ……………………………………………… 86

第五章 泉州市创新发展匹配度 ………………………………… 90
第一节 专利与科技匹配度状况 ………………………………… 90
一、研发经费和人力投入产出 ………………………………… 90
二、高校院所创新产出 ………………………………………… 92
第二节 专利与企业匹配度状况 ………………………………… 95
一、企业总体专利活动 ………………………………………… 95
二、科技型企业专利活动 ……………………………………… 99
三、知识产权示范和优势企业专利活动 ……………………… 108
四、A股上市公司专利活动 …………………………………… 109
五、产业龙头企业专利活动 …………………………………… 113

  六、重点企业专利活动 …………………………………… 115
 第三节 专利与产业匹配度状况 ……………………………… 116
  一、战略性新兴产业创新状况 …………………………… 116
  二、现代产业体系创新状况 ……………………………… 120
  三、工业活动与专利匹配度状况 ………………………… 122

第六章 泉州市创新发展路径 ………………………………… 130
 第一节 创新发展特点 ……………………………………… 130
  一、泉州市创新发展优势 ………………………………… 130
  二、泉州市创新发展劣势 ………………………………… 135
 第二节 创新发展路径 ……………………………………… 139
  一、结合区域发展特色，构筑区域创新体系 …………… 139
  二、集聚产业集群力量，激发企业创新活力 …………… 145
  三、发挥科技资源优势，加强产学研深度融合 ………… 154
  四、推进商标地标保护，提升品牌国际水平 …………… 161
  五、全面落实政策引领，建立专利导航机制 …………… 168

第一章　城市创新发展与专利导航

2021年3月，习近平总书记在福建考察时强调，要深化供给侧结构性改革，扩大改革开放，推动科技创新，在加快建设现代化经济体系上取得更大进步，在服务和融入新发展格局上展现更大作为，在探索海峡两岸融合发展新路上迈出更大步伐。泉州市依据我国政策规划布局，找准发展定位，充分发挥民营经济综合配套改革试点城市、对外开放前沿和侨乡优势，形成"晋江经验""泉州模式"等符合本地特色的发展方式，积极创新实践，"十三五"期间现代化经济体系建设取得较大进展。为进一步贯彻落实习近平总书记考察福建时强调的发展要求，泉州市人民政府印发《泉州市国民经济和社会发展第十四个五年规划和二〇三五年远景目标纲要》，通过八大重点任务和七大保障措施加快建设现代化中心城市，坚持创新驱动引领发展，打造具有全国影响力的海丝名城、制造强市。

创新是引领高质量发展的第一动力，泉州市作为全国首批国家知识产权示范城市、国家商标战略实施示范城市，2019年6月入选全国知识产权运营服务体系建设重点城市，2024年1月成为国家知识产权强市建设示范城市。目前，泉州市正以深入推进国家知识产权强市建设示范城市为契机，把科技创新作为全市发展战略支撑，着力推动知识产权与经济发展深度融合。近年来，泉州市先后印发《泉州市"十四五"知识产权发展专项规划》《泉州市国家知识产权强市建设示范城市工作方案（2024—2026年）》等政策文件，制定知识产权创造、运用、保护、管理和服务等方面主要任务和重点工程，推动泉州市知识产权高质量发展，为建设海丝名城、智造强市、品质泉州提供知识产权保障和支撑。

专利导航是以专利信息资源利用和专利分析为基础，把专利运用嵌入产业技术创新、产品创新、组织创新和商业模式创新，引导和支撑产业科学发展的探索性工作❶。围绕泉州市开展专利导航城市创新发展质量评价研究，以"技术研发－运营转化"两阶段模型为核心，立足大导航、大质量和大数据，将专利数据作为信息获取和关联主体，结合研发、产业、经营等科技经济数据的挖掘分析，以准确把握创新活动特征满足城市发展要求的程度，推动建立专利导航城市创新发展决策机制，利用专利导航理念从城市层面进行诊断与规划，为知识产权强市建设给出了路径建议。

第一节　城市创新质量

党中央、国务院高度重视知识产权强国建设。习近平总书记作出一系列重要指示，并亲自部署制定了《知识产权强国建设纲要（2021—2035年）》（以下简称《纲要》），绘就了知识产权强国建设的宏伟蓝图，我国从知识产权引进大国向创造大国转变、知识产权工作从追求数量向提高质量转变全面提速。《纲要》是党中央、国务院关于知识产权事业发展的重大顶层设计，是全国上下做好知识产权工作的根本遵循和总抓手。《纲要》中提到，要探索构建知识产权支撑关键核心技术攻关的长效工作机制，推进专利链与产业链、创新链、资金链、人才链深度融合。"一省一策"高位推动知识产权强省建设，深入开展知识产权强国建设试点示范。

2023年10月31日，国务院以"深入实施知识产权强国战略，有效支撑创新驱动发展"为主题，进行第四次专题学习，李强总理主持学习并作重要讲话，强调要深入学习贯彻习近平总书记关于知识产权工作的重要论述和重要指示精神，加快建设知识产权强国，更好地服务构建新发展格局、推动高质量发展。

2023年12月，党中央、国务院批准建立国家知识产权强国建设工作部际联席会议（以下简称联席会议）制度。联席会议由国家知识产权局、中央宣传部、最高人民法院、最高人民检察院、外交部、国家发展改革委、教育部、科技部、工业和信息化部、公安部、司法部、财政部、人力资源和社会保障

---

❶ 2013年10月18日，国家知识产权局发布《国家知识产权局关于实施专利导航试点工程的通知》。

部、生态环境部、农业农村部、商务部、文化和旅游部、国家卫生健康委、中国人民银行、国务院国资委、海关总署、市场监管总局、广电总局、国家统计局、中国科学院、国家国防科工局、国家林草局、中央军委装备发展部、中国贸促会等29个成员单位组成，国家知识产权局为牵头单位。联席会议的主要职责是：以习近平新时代中国特色社会主义思想为指导，深入学习贯彻习近平总书记关于知识产权强国建设的重要指示精神，全面落实党中央、国务院决策部署，统筹协调全国知识产权强国建设工作，组织实施知识产权强国战略。加强对知识产权强国建设工作的宏观指导；研究加强知识产权强国建设的重大方针政策，制订知识产权强国建设年度推进计划；指导、督促、检查有关政策措施的落实，监测评估工作成效；协调解决知识产权强国建设中的重大问题。

2024年1月19日，国家知识产权强国建设工作部际联席会议办公室（以下简称联席会议办公室）发布了《知识产权强国建设发展报告（2023年）》（以下简称《报告》）。《报告》显示，《纲要》和《"十四五"国家知识产权保护和运用规划》颁布实施以来，各地区、各部门有力推进知识产权强国建设不断迈出坚实步伐，取得显著成效。《报告》指出，知识产权作为国家发展战略性资源和国际竞争力核心要素的作用更加凸显。新时代新征程上加快推进知识产权强国建设，必须准确把握知识产权工作在支持全面创新、建设高标准市场体系、促进高水平对外开放、维护国家安全中的重要作用，坚定不移走好中国特色知识产权发展之路，在更高层次更高水平上扎实推进知识产权强国建设。2024年5月，联席会议办公室印发《2024年知识产权强国建设推进计划》，明确了7个方面100余项重点任务和工作措施，进一步深入实施知识产权强国战略，加快建设知识产权强国，其中就提到，要高标准推进知识产权强省、强市、强企建设。

区域是实现创新驱动发展战略的基本载体和着力点，区域创新是区域经济发展乃至整个国民经济社会发展的核心所在。我国各区域仍存在知识产权数量与质量不协调、知识产权布局和创新资源结合不够紧密、知识产权支撑产业发展不够有力等问题。创新是引领发展的第一动力，决定着区域未来的发展速度、质量和可持续性，影响着区域的综合实力和竞争力。当前，我国经济发展进入速度变化、结构优化和动力转换的新常态，创新引领区域发展的趋势更加明显。知识产权是区域迈向未来发展的源动力，知识产权尤其是专利作为科技成果向现实生产力转化的桥梁和纽带，对区域创新发展的基本保障作用和对供给侧结构性改革的制度与技术供给作用更加突出，在地区经济社会发展中的地位也愈发重要。以知识产权为引领，推动形成先进的城市发展理念和城市治理模式，是提升城市核心竞争力、支撑知识产权强省强市建设的必然要求。

第二节　区域规划类专利导航

一、专利导航概述

2013年以来，国家知识产权局以国家专利导航试点工程的开展为轴线，统筹规划，协同推进，在全国范围内选取不同层面的多类别试点主体，连续开展了一系列大规模、立体化、多方位的实践与探索。专利导航在探索运用中，形成了区域规划类、产业规划类、企业经营类、研发活动类和人才管理类等五种具体应用场景。随着今后工作实践的深入和扩展，专利导航的应用类型将会进一步丰富和完善。具体来说，区域规划类专利导航主要面向政府部门，为区域创新发展决策提供支撑，成果可以作为产业规划专利导航的前置输入和重要参考；产业规划类专利导航主要面向政府部门和行业组织，为产业创新发展决策提供支撑，成果可以作为企业经营、研发活动和人才管理等专利导航的前置输入和重要参考；企业经营类专利导航主要面向各类企业，内容涵盖了企业市场化运营活动中的投融资活动、产品布局、技术创新等应用场景；同时，研发活动、人才管理等类别专利导航主要面向有此类需求的各类主体，这两类专利导航可以单独实施，也可以组合实施，还可以被区域规划类、产业规划类、企业经营类专利导航引用，作为其组成部分。

2021年6月1日，国家知识产权局组织起草的《专利导航指南》系列推荐性国家标准（GB/T 39551—2020）正式实施，如图1-2-1所示，该标准目前由"1个总则+5个专项指南（区域规划、产业规划、企业经营、研发活动和人才管理）+1个服务要求"共7个部分构成，区域规划类专利导航指南是5种应用场景之一。区域规划类专利导航分析是以服务不同层级的区域性经济载体的创新发展为基本导向，以专利数据为基础，通过建立包括多种知识产权数据、科教数据、经济数据等多维度数据的关联分析模型，针对区域发展定位、区域发展方向及区域资源优化布局等区域规划的基本问题提供决策支撑的专利导航活动。

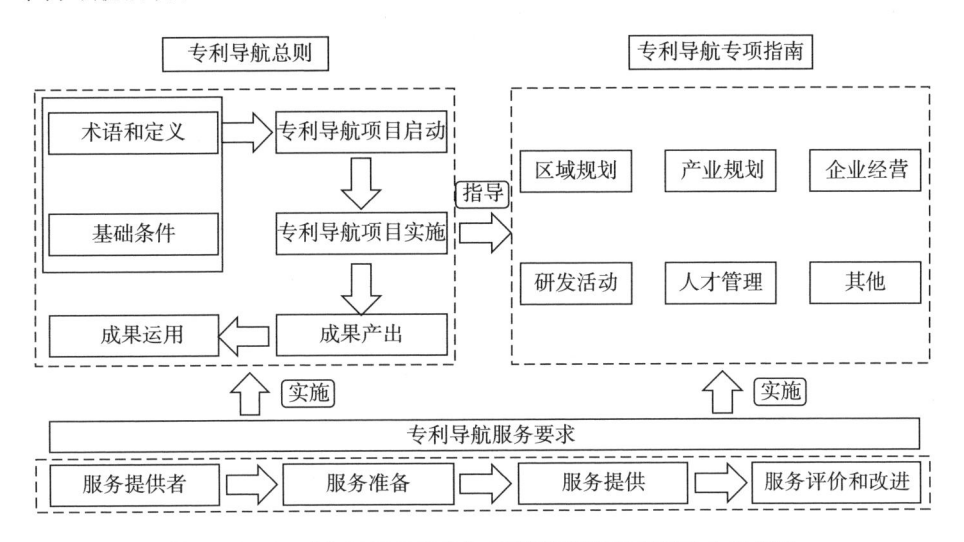

图1-2-1 《专利导航指南》系列推荐性国家标准内容框架

区域规划类专利导航分析包含了以区域布局为目标的专利导航和以区域创新质量评价为目标的专利导航，本书是针对泉州市开展的以区域创新质量评价为目标的专利导航分析，深入解构泉州市区域创新发展竞争力及区域创新资源与发展实际之间的科技、企业及产业匹配度等关键问题，最终要实现的是为泉州市创新资源优化布局提供决策参考。

二、指标体系

区域创新高质量发展指数是以知识产权为引领，推动形成先进的城市发展理念和城市治理模式。城市创新发展质量本质上属于 ISO 9001 质量管理体系的范畴，其区别在于对象是更加复杂的城市创新体系，城市创新发展质量指标体系如图 1-2-2 所示。城市创新发展质量随着城市的发展而不断调整，创新质量的提升永无止境，创新质量永远是根据城市社会经济发展的目标而不断提出新的要求和标准。定期监测城市在时间和空间维度的创新发展质量水平和发展趋势，研判城市创新尤其是专利活动成果与城市发展要求的符合性、与城市宏观管理导向的符合性，体现了大质量管理理念和大数据管理方法在政府宏观管理工作中的应用，其最终目标是促进整体宏观管理体系的持续改进。

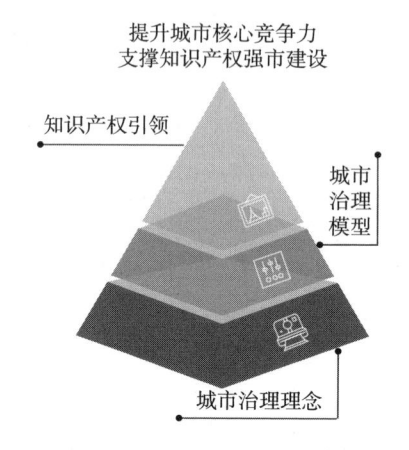

图1-2-2　城市创新发展质量指标体系

基于"技术研发-运营转化"两阶段模型，创新质量的内涵是一系列创新活动满足城市发展要求的程度，表现为城市创新发展竞争力与匹配度评价的耦合结果，最终目的是促进创新"投入-产出-绩效"过程的良性循环改进，城市创新发展质量指标体系阶段模型如图1-2-3所示。其中，对创新投入产出绩效的评价，反映的是城市创新发展的竞争力；对创新投入产出转化过程的评价，反映的是城市创新发展的匹配度。城市创新质量是创新发展竞争力和匹配度的综合反映。城市创新发展质量是基于创新产出的竞争力评价结果与基于创新过程的匹配度评价结果的耦合。如果说竞争力是城市创新成果的整体体现，匹配度则是对创新成果的价值折合系数，经过匹配度折合后的竞争力才真实反映了城市创新质量。

其中，匹配度模型是面向新兴产业和优势产业。从国外主要发达国家产业发展的经验来看，产业专利数量与产业规模和发展状况会高度正相关，产业专利与产业创新发展能力越匹配，产业竞争的优势就越明显，产业发展的趋势就越向好。通过比较城市工业产值的相对专业化程度（产值区位熵）和产业发明专利拥有量的相对专业化程度（专利区位熵），可以分析各工业产业规模与发明专利拥有量之间的匹配情况，进而获知城市产业尤其是主导产业结构与专利活动的协调支撑状况。

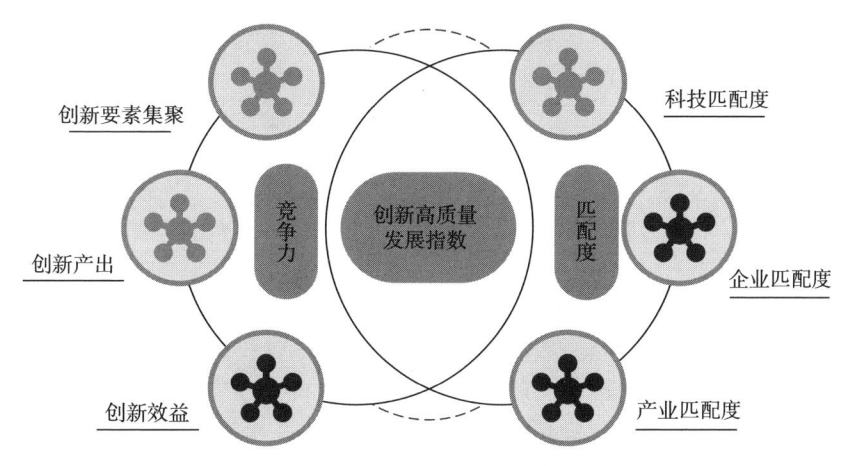

图 1-2-3　城市创新发展质量指标体系阶段模型

针对新兴产业，采用"专利-相对速度/优势"（Patent-Relative Velocity/Advantage，P-RV/A）模型，其核心思路是将产业专利实际活动进行不同角度的对标，从增量的角度看发展，从存量的角度看现状。针对优势产业，采用"专利-匹配饱和/密度"（Patent-Matching Saturation/Density，P-MS/D）模型，其核心思路是关注产业的产值、结构与专利活动的匹配程度。

通过城市创新发展质量指标体系阶段模型，构建专利导航城市创新高质量发展指数（Patent based Navigation region Innovation high-quality Development index，PNID 指数），如图 1-2-4 所示。PNID 指数涵盖创新发展竞争力指数、创新发展匹配度指数两个角度，涉及创新要素集聚指数、创新产出指数、创新效益指数、科技匹配度指数、企业匹配度指数、产业匹配度指数 6 个方面多个基础指标。

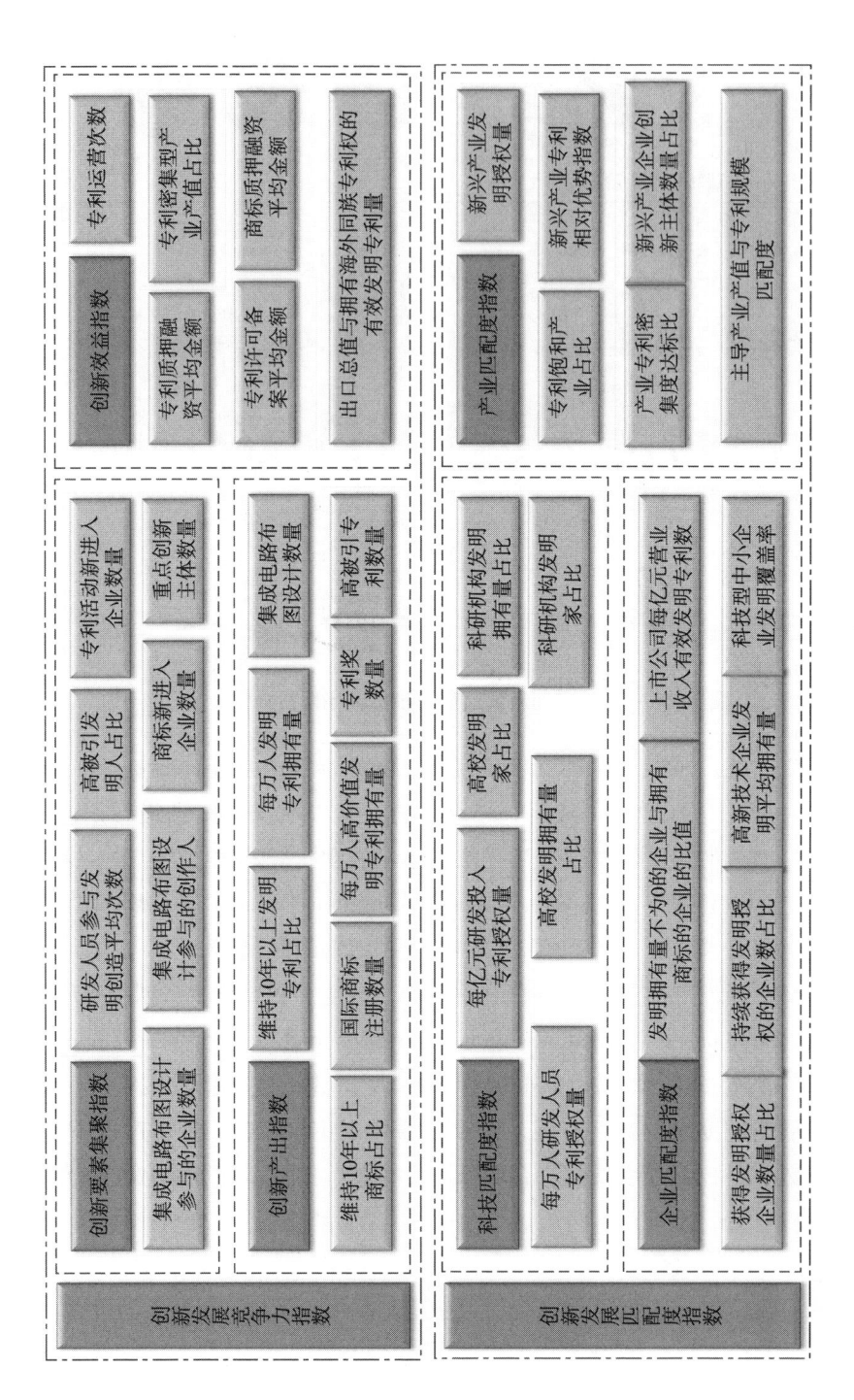

图 1-2-4 PNID 指数指标体系

第三节 本书内容

一、分析要点

本书将基于专利导航视角，结合泉州市创新发展特色，围绕泉州市发展现状、泉州市创新发展质量指数、泉州市创新发展竞争力、泉州市创新发展匹配度和基于以上分析提出的泉州市创新发展路径等内容展开：

一是泉州市发展现状。围绕泉州市经济、产业、科教、政策、知识产权等开展全面分析，厘清泉州市发展的基本情况，其中知识产权是以专利发展现状为基础，辅以商标、地理标志、集成电路布图设计等其他知识产权数据，全面梳理泉州市的知识产权发展现状，并定位泉州市知识产权发展水平在全省的位置。

二是泉州市创新发展质量指数。充分利用专利导航城市创新高质量发展指数（PNID 指数）对泉州市进行创新质量评价分析，通过指数综合评价泉州市创新发展质量在对标城市中的位置，同时结合年份相关数据，对比分析泉州市创新发展质量指数变化情况。

结合福建省"十四五"规划、泉州市"十四五"规划等相关发展规划，考虑泉州市发展实际和发展目标，选取相似维度下的城市开展对标分析。在经济方面，2022 年泉州市地区生产总值达 12102.97 亿元，是我国万亿俱乐部城市之一，在全国城市（包括北京、上海、天津、重庆 4 个直辖市）中排名第 19 位，在地级市中排名第 6 位；在福建省区域发展规划方面，2016 年 6 月，国务院同意福州、厦门、泉州 3 个国家高新技术产业开发区（以下统称福厦泉国家高新区）建设国家自主创新示范区，全面提升区域创新体系整体效能；在知识产权发展方面，泉州市作为全国首批国家知识产权示范城市、国家商标战略实施示范城市，2019 年 6 月入选全国知识产权运营服务体系建设重点城市，2021 年 8 月泉州市知识产权保护中心投入运行，是福建省首家国家级知识产权保护中心。

因此结合泉州市地区生产总值等经济信息、福厦泉国家高新区等区域布局规划信息、知识产权保护中心等知识产权信息，选取深圳、广州、苏州、成都、武汉、杭州、南京、宁波、青岛、无锡、长沙、郑州、佛山、福州、济南、合肥、西安、南通、东莞、宁德、温州、厦门22个城市作为泉州市创新发展质量评价分析的对标城市。

三是泉州市创新发展竞争力。以专利数据信息为基础，重点分析泉州市在创新产出、创新要素和创新效益方面的竞争力。其中创新产出反映了创新投入产出的数量和质量，创新要素反映了专利活动主体的集聚情况，创新效益从微观、中观和宏观角度反映创新产出效益，体现了专利、产品和产业层面专利活动的市场价值。

创新产出包含产出数量和产出质量两方面因素，创新产出数量具体指标包括区域的专利申请量、专利授权量、商标申请量、商标注册量、集成电路布图设计公布量、地理标志保护数据等维度。创新产出质量则是从每万人发明专利拥有量、维持十年以上发明专利状况、维持十年以上商标状况、高被引专利数量、中国专利奖专利数量和高价值发明专利拥有量等角度进行衡量。其中每万人发明专利拥有量是指每万人拥有经知识产权行政部门授权且在有效期内的发明专利件数，是国际上通用的衡量一个地区科研产出质量和市场应用水平的综合指标，该指标被纳入《中华人民共和国国民经济和社会发展第十三个五年规划纲要》。高价值发明专利拥有量是我国从专利创造大国向专利创造强国转变的主要创新指标，该指标被纳入《中华人民共和国国民经济和社会发展第十四个五年规划和2035年远景目标纲要》。

创新要素尤其是高端优质创新资源集聚的区域，往往会成为带动区域经济增长的龙头，而在各类创新要素中，人才是第一要素，创新驱动本质上是人才驱动，创新人才已成为推动区域经济发展，提升国际竞争力和获得国际话语权的核心资源。创新主体即权利拥有主体，是区域发展最为重要的能动要素。区域创新能力主要是通过区域内各微观创新主体依靠自己所拥有的创新资源彼此协作而形成的，影响这种创新能力强弱的基本因素就是发明创造主体数量和权利拥有主体数量。

创新产出效益包括专利运营、专利效益、产业效益3方面内容，专利运营又包括了专利许可、转让、质押，其中专利许可是专利运用和商业化的主要途径，是转化专利市场价值最为常见的方式。专利转让、许可和质押的数量和金额，反映了泉州市专利运用效益和专利运营能力，体现了专利资产对经济社会发展的直接贡献度。专利密集型产业的发明专利密集度高，对社会经济的拉动能力强、贡献度大，通过专利密集型产业的产值占比，反映了泉州市专利密集型产业的产值效益，将海外同族专利授权和出口额相关联反映了泉州市海外专利的产业效益。

四是泉州市创新发展匹配度。立足泉州市产业发展现状，以专利数据信息为基础，全面分析泉州市专利资源与科技、企业和产业的匹配程度。

科技匹配度主要反映专利产出结果与产业发展导向、产业产值份额的吻合度。技术创新效率是指在研发活动中投入与产出的对比关系，反映了在给定投入的情况下获取最大产出的能力。研发投入是创新投入力度的直接反映，专利是技术创新成果的重要产出。本部分主要从高校院所的创新产出入手，反映创新效率情况。

企业匹配度主要反映专利活动与企业创新主体地位以及地区企业创新发展要求的匹配度。企业作为经济活动的基本单元和市场主体，是沟通技术创新与市场的桥梁，是科技和经济紧密结合的重要力量。企业应该是技术创新决策、研发投入、科研组织、成果转化的主体。本部分主要从企业的创新产出结构、增速等方面，反映企业技术创新主体地位情况。

产业匹配度主要反映专利产出结果与产业发展导向、产业产值份额的吻合度。本部分主要从战略性新兴产业和国民经济行业的创新产出与产业发展之间的匹配程度，来衡量地区产业结构与专利现状的协调支撑状况。

五是泉州市创新发展路径。在专利导航城市创新发展质量评价指标体系框架下，根据知识产权强市发展目标以及城市资源禀赋、区位优势等要素属性，抽取城市创新发展质量的典型特征，采集、加工、整理相关数据资源，开展创新质量画像组成要素的大数据统计，描述城市创新发展质量的典型特征，利用信息图❶展示知识产权强市创新发展质量的全景"肖像"，重点展示城市科技、企业、产业发展与专利活动的匹配度。以此为基础，提出知识产权强市建设路径，推进知识产权在城市经济发展、产业规划、综合治理、公共服务等领域的全面运用和聚合发展。

---

❶ 详细信息图请扫描二维码进行观看。

本书通过城市创新高质量发展指数综合评价泉州市的创新质量，具体通过分析区域创新竞争力和匹配度，对区域的创新投入产出绩效和创新投入产出转化过程进行评价，真实反映区域创新质量，同时根据区域发展目标和区域资源禀赋、区位优势等要素属性，提取区域创新发展质量的典型特征，为泉州市知识产权强市和高质量发展提供发展路径建议。

二、数据来源

专利导航是以专利信息为基础，结合知识产权、科技、经济、产业等多维度开展分析，因此涉及数据包括专利数据和非专利文献信息两部分内容。

（一）专利数据

（1）中国专利统计数据库（CPSD）

中国专利统计数据库（China Patent Statistics Database，CPSD）是由国家专利导航项目（企业）研究和推广中心为满足宏观统计需要，针对中国专利数据进行针对性加工而形成的数据库。数据字段涵盖产业信息（国民经济行业分类、战略性新兴产业分类、高技术产业分类、文化及相关产业分类、绿色技术分类、海洋产业分类等）、地理信息（国家、省市、区县等）、引证信息等。所有中国基础数据与国家知识产权局权威文档数据进行比对，保证完全一致，权威可靠。该数据库按周更新。

（2）中国专利引文数据库（CPCI）

中国专利引文数据库（China Patent Citation Index，CPCI）是由中国专利技术开发有限责任公司标引开发的专利引文数据库。其收录了中国专利的参考引文信息，包括中国发明专利申请实质审查过程中引用的对比文件清单、实用新型检索报告对比文件清单（即审查员引文信息）以及专利申请人提交的专利说明书中提及的文献（即发明人引文信息）。中国专利引文数据库是目前我国最权威、数据量最齐全的中国专利引文数据库。

（3）中国高被引专利数据库（CHCPI）

中国高被引专利数据库（China Highly Cited Patent Index，CHCPI）是由中国专利技术开发有限责任公司基于中国专利引文数据库，进行统计筛选后形成的专题数据库。中国高被引专利数据库是对中国发明和实用新型专利（公开公告专利、有效专利），基于世界知识产权组织确定的35个技术领域，对每个领域分别按照被引次数排序取前1%所形成的数据库。该数据库按季度更新。

（4）中国专利有效数据库

中国专利有效数据库是由国家专利导航（企业）项目研究和推广中心为满足存量专利统计需求，根据专利法律信息和法律事件，针对中国专利数据进行加工形成的专利数据库。

（5）高价值专利数据库

高价值专利数据库是国家专利导航（企业）项目研究和推广中心基于中国专利有效数据库，结合国家知识产权局公开的高价值专利五个维度加工形成，包括战略性新兴产业有效发明专利、拥有海外同族专利权的有效发明专利、维持十年以上有效发明专利、发生质押融资的有效发明专利、获得中国专利奖的有效发明专利。其中，战略性新兴产业有效发明专利根据《战略性新兴产业分类与国际专利分类参照关系表（2021）（试行）》进行标引处理。

（6）专利运营数据库

专利运营数据库是国家专利导航（企业）项目研究和推广中心基于中国专利统计数据库、中国专利有效数据库，结合专利的法律信息和法律事件，加工形成的数据库，专利运营形式包括专利转让、专利质押、专利许可三种。

专利数据统计时主要涉及时间、权利人、地址等著录项目信息，其中时间包括申请日、公开日、授权日、有效日、法律日期，权利人包括申请人、专利权人，地址包括发明人地址、申请人地址、专利权人地址。由于专利法律信息和法律事件信息采集的时间因素，如专利转让、专利权人地址变更等法律事件的影响，地理信息（国家、省市、区县等）、引证信息等会与其他统计来源数据存在差异性，为保障所有地区在同一分析层面，本书范围内已对统计口径进行统一。

（二）非专利文献信息

本书所涉及非专利文献信息包括两类：一类是非专利知识产权信息，包括商标、地理标志、集成电路布图设计；另一类是非知识产权文献信息，包括经济信息、科技信息、教育信息、产业信息、企业信息等内容。

非专利知识产权信息主要来源于国家知识产权局公开资料，包括《国家知识产权局专利统计年报》、《国家知识产权局专利业务工作及综合管理统计月报》、国家知识产权局战略规划司《战略性新兴产业发明专利统计分析报告》，以及国家知识产权局官网（http：//www.cnipa.gov.cn）公布信息。本书的非专利知识产权信息统计时间均为截至2023年。

非知识产权文献信息主要来源于国家统计局官网（http：//www.stats.gov.cn）、福建省统计局官网（https：//tjj.fujian.gov.cn/）、泉州市统计局官网（https：//tjj.quanzhou.gov.cn/）等官方网站公开资料，经济信息、科技信息、教育信息、产业信息来源于《中国科技统计年鉴》《中国统计年鉴》《泉州统计年鉴》《中国高技术产业统计年鉴》《工业企业科技活动统计年鉴》等统计年鉴。企业信息主要来源于Wind、企查查、天眼查等商业数据库，以及国家知识产权局、泉州市工业和信息化局、工业和信息化部火炬中心等，经济信息、科技信息、教育信息、产业信息、企业信息等非知识产权文献信息采集时间为截至2023年底。

第二章　国家知识产权示范城市之泉州

泉州市位于福建省东南沿海，东临台湾海峡，海岸线广阔，是中国东南沿海重要的商贸港口城市。全市包括4个区、3个县级市、5个县和泉州经济技术开发区、泉州台商投资区。泉州民营经济发达，是海峡西岸经济区五大中心城市之一，素有"中国品牌之都""民营特区"之称。同时，泉州历史悠久，是海上丝绸之路的起点，有着"东亚文化之都"的美称。

第一节　泉州市发展现状

一、经济发展现状

改革开放以来，泉州市地区生产总值持续增长。尤其是"十三五"时期，泉州市经济社会发展实现新跨越，全市经济发展能级实现跃升，2018年全市地区生产总值达8467.98亿元，提前两年完成"十三五"规划目标，2020年地区生产总值突破10000亿元，达10158.66亿元，连续22年保持福建省首位，规模以上重工业增加值增速比轻工业高9.6个百分点，工业战略性新兴产业产值占规上工业产值比重达7%。"十三五"期间，泉州市产业结构得到优化，全市三次产业结构由2016年的3.0∶58.7∶38.3演变为2020年的2.2∶57.2∶40.6；轻重工业比例由2016年的62.5∶37.5调整为2020年的60.2∶39.8。

"十四五"初期，泉州市深入贯彻习近平总书记在福建考察时所强调的在服务和融入新发展格局上展现更大作为，围绕产业链部署创新链、围绕创新链布局产业链，打造环湾创新集聚区，持续提升两翼创新能力，强化以点带面、以面带全域的创新格局。2021年地区生产总值高达11304.17亿元，与2012年的4726.50亿元相比增长了6.5千亿。2022年，泉州市地区生产总值更是实现新的跃升，全市生产总值达12102.97亿元，较上一年增长3.5%，其中第一产业增加值250.12亿元，第二产业增加值6882.07亿元，第三产业增加值4970.78亿元，分别较上一年增长3.5%、3.3%和3.8%。规上工业高新技术产业增加值占规上工业增加值比重逐步提升，从2018年的16.29%提升到2022年的24.7%。规上工业高技术产业增加值占规上工业增加值比重从2018年的3.2%增长到2022年的4.7%。2023年，泉州市全力抓好经济建设和高质量发展，全市地区生产总值达12172.33亿元，按不变价格计算，比上年增长4.8%。分产业看，泉州市第一产业增加值增长3.9%，第二产业增加值增长4.1%，第三产业增加值增长5.7%，三次产业比例为2.1∶53.2∶44.7。

泉州市民营经济发展优势显著，"十三五"期间，民营经济增加值从2016年的5326.29亿元提升到2020年的8284.08亿元，占地区生产总值的比重达81.5%，在全国经济总量前20的城市中占比最高。民营企业数量作为民营经济的主力军，近年在"晋江经验"的引领下得到快速发展，由2016年底的17.34万家增长至2020年底的35.10万家，占全市企业数量的96.6%。2023年，泉州市为贯彻习近平总书记关于民营经济发展的重要论述，成立民营经济研究院，设立"泉州企业家日"，评选泉州民企百强，完善支持民营经济发展"1＋N"政策体系。

同时，泉州市作为国内重要的轻工业生产和出口基地，主动融入国家"一带一路"倡议和福建省"海上丝绸之路"核心区建设，将历史优势、区位优势、资源优势转化为新的发展机遇，着力打造海上丝绸之路综合交通、经贸合作、文化交流展示、华人华侨民心相通、城市联盟"五个重要门户"。2023年泉州市外贸形势逐步恢复，出口结构日益优化，对外经济仍保持高水平，全年货物进出口总额达2599.29亿元，对共建"一带一路"国家和地区进出口总额达1729.52亿元，占外贸总值的比重为66.5%，对其他金砖国家出口额达124.00亿元，增长21.0%，对《区域全面经济伙伴关系协定》（RCEP）其他成员国进出口额达845.41亿元。❶ 其中，2023年12月全市进出口总额达

---

❶ 数据来源：《2023年泉州市国民经济和社会发展统计公报》。

234.97 亿元，同比增长 2.2%，连续 4 个月实现正增长。

二、产业发展现状

"十三五"以来，泉州市积极推进产业集群高质量发展，集群发展能力持续提升，实施 19 个重点产业转型升级路线图，强化产业建链强链补链，推进产业集群高质量发展，到 2020 年形成纺织服装、鞋业、石油化工、机械装备、建材家居、食品饮料、工艺制品、纸业印刷和电子信息等 9 个千亿产业集群，提升了泉州"中国工艺美术之都"、泉港"石化基地"、石狮"中国服装名城"、晋江"中国鞋都"、南安"中国建材之乡"、惠安"世界石雕之都"、德化"世界陶瓷之都"、安溪"世界藤铁工艺之都"等特色经济影响力。2023 年，泉州市工业大盘稳步回升，重点行业提振有力，全年全市规模以上工业增加值比上年增长 3.3%，其中石化—纺织鞋服产业链群规上工业增加值增长 2.4%，建材—家居产业链群增长 4.4%，机械—电子产业链群增长 5.8%。九大千亿产业中，七大产业实现正增长，其中纸业印刷行业增长 17.3%。预计 2025 年，泉州市将打造"石化—纺织鞋服"两万亿级产业链群，"建材—家居""机械—电子"万亿级产业链群。

泉州市持续推动制造业高质量发展，加快产业数字化步伐，大力发展战略性新兴产业，并以智能制造为主攻方向，推动互联网、大数据、人工智能等新一代信息技术与制造业深度融合，培育制造业发展新动能，形成强有力的产业支撑。同时，泉州市将加快企业的梯次培育，实施龙头培育、高成长企业培育、"专精特新"中小企业培育计划，完善大中小企业协作配套的工作机制。持续加大工业园区基础设施投入，组织做好市级园区的标准化建设，以及小微产业园规范提升，支持一批重点工业园区按照省级以上新型工业化产业示范基地标准创建。

此外，在数字化产业方面，深入实施企业技改专项行动，持续发展工业互联网，扶持"鞋创园""泛家居"等工业互联网平台。加快数字福建产业园、泉州芯谷、泉州软件园等建设，新建 5G 基站 1 万个。在战略性新兴产业方面，鼓励企业联合科研机构共同开展新材料应用研究和示范推广，重点推动三安、慧芯激光、中科光芯等项目建设。在第三产业方面，聚焦做强现代服务业，培育新能源汽车消费、文旅主题活动消费、直播带货等新型消费业态。同时，加快建设快递集聚发展先行区，推动快递进村、出海、进厂，深化泉州国际邮件互换局及晋江、石狮国际快件监管中心建设，支持快递企业进驻制造业集聚区和工业园区。2023年，泉州市深化智能制造数字化赋能三年行动，推动规上工业企业数字化改造提质扩面，建设数字化生产线120条以上，新增"上云上平台"企业1000家以上，培育智能制造示范项目15个以上，打造省级新一代信息技术与制造业融合示范标杆10家以上，争创中小企业数字化转型试点城市。

三、科教资源现状

科技是第一生产力。"十三五"以来，泉州市大力实施科技创新驱动发展战略，聚力打造高能级战略科技力量，在助力经济稳定增长方面取得了较大成效。

泉州市科研力量加速集聚，科技创新平台数量不断涌现。一方面，泉州市大力培育本地科研力量。截至2023年底，全市拥有省创新实验室2个、省级重点实验室10个，建设国家备案众创空间11家、省级众创空间83家、市级众创空间114家，市级及以上科技企业孵化器23家，在孵企业563家。另一方面，泉州市加快优质科研力量的引入，重点聚焦基础领域和先进产业领域，先后引进共建中国科学院海西研究院泉州装备制造研究中心、泉州华中科技大学智能制造研究院等18家大院大所，建有首批福建省创新实验室"清源创新实验室"、全国第一个区域型时间中心"海上丝绸之路时间中心"和全省首个国家大科学装置"高精度地基授时系统泉州站"，建设引进的科技创新平台覆盖智能装备、电子信息、纺织鞋服、石油化工、新材料、陶瓷建材、生态环保等领域。2023年，泉州市新引建香港理工大学晋江技术创新研究院等高水平科创平台8家，成立集成电路创新实验室、海洋生物产业研究院，获批国家国防科技工业军民融合创新示范基地创建试点。

泉州市创新载体体系不断完善，企业科技创新资源进一步丰富，2023年，泉州市净增高新技术企业698家，累计达3060家，增速29.6%，全省第一，全社会研发投入增长20%以上，技术合同成交金额增长46.7%，累计培育省级龙头企业209家、国家专精特新"小巨人"企业47家，新增"四上"单位2285家。截至2023年底，全市共拥有福建省科技"小巨人"企业716家，科技型中小企业2528家，省级新型研发机构27家，市级新型研发机构126家，全年共实施省、市各级各类科技计划项目328项，其中省级121项、市级207项。❶

泉州市积极推进高等教育内涵发展，优化调整高校布局，全面提升办学综合实力和服务创新驱动发展能力。加快华侨大学、泉州师范学院"双一流"建设，支持一批优势学科率先建成高峰学科，巩固提升一批潜力学科形成高原学科。推进应用型本科高校转型提升，支持泉州师范学院更名为大学，建设示范性应用型大学，加快培养理工农医类紧缺人才。以泉州医学高等专科学校为基础，争创本科医学院校。

此外，泉州市通过协作等多种模式发展本地科教资源，积极引进国内外高水平大学和科研机构来泉合作办学，开展人才联合培养。围绕"六三五"现代产业体系，建设现代产业学院，打造一批高水平产学研协同创新平台。同时坚持职业教育与产业发展同步规划、实施，深化职普融通、产教融合、校企合作。落实高水平职业院校和专业（群）建设计划，支持列入"双高计划"高职院校试办本科层次职业教育，支持黎明职业大学等院校争创本科学校。

人才是科教资源的重要组成部分，人力资源更是经济发展中最重要的战略资源，是一个企业乃至一个城市能够进行发展的重要依托，也是城市未来发展动力的重要源泉。泉州市立足人才第一资源，不断优化引才用才机制，全面实施"四个倍增"计划，实行重大技术需求"揭榜挂帅"和科技创新券制度，引导科技创新人员"把论文写在产业一线"，提升人员科研深度，全市人才动力得到显著提升。泉州市全社会R&D人员数量大幅增长，规模以上工业企业R&D人员数量从2017年的31614人增长到2022年的70171人，R&D人员折合全时当量从2017年的19223人年增长到2022年的52405人年。

2022年6月，泉州市重磅推出"涌泉"行动20条政策，涉及就业岗位、住房保障、子女教育、生活补贴、社保补助、创业支持、引才奖励等方方面面，力促人口、人力、人才资源转化贯通，全力打造青年人才向往地、青年发展友好城、创新创业首选地。泉州市高校每年面向社会输送毕业生近5万人，毕业生就业率高达98%以上，且留泉率逐年上升，目前已逾半数。2022年8月泉州市印发《泉州市引进高层次人才团队评审和管理实施细则》，把市高层

---

❶ 数据来源：《2023年泉州市国民经济和社会发展统计公报》。

次人才团队认定扩容到产业、科技、教育、卫生健康等领域，同时对评审程序、管理服务全面予以规范。2023 年，泉州市深耕人才"港湾计划"和"涌泉"行动，新引进高层次人才团队 15 个、各类人才 8 万名，深入推行科技特派员制度，开展"科技特派员＋"活动，推动实现乡镇科技特派员工作站服务全覆盖。

此外，泉州市大规模引入"外脑"，通过与全国各地的科研院所合作，从外部引入研发和创新力量。泉州市已有 18 家"双一流"高校的研究院、中国科学院系列院所、央企研发中心等"大院大所"落户泉州市，先后为泉州市引进 800 余名科研人员，覆盖智能装备、电子信息等产业领域，并承担了泉州产业关键共性技术、重大创新产品的研发攻关任务，为在泉企业解决技术难题近千项。

四、政策规划现状

泉州市依据国家政策规划布局，深化供给侧结构性改革，扩大改革开放，推动科技创新，"十三五"期间现代化经济体系建设取得较大进展。在"十四五"期间，泉州市进一步加快创新转型、整合提升的进程，积极融入国家、福建发展战略中，从产业、企业、科技等多个维度出台相关创新发展政策，助推全市经济高质量发展。

（一）产业政策规划

泉州市坚持主导产业优化升级，实施数字经济领跑行动。泉州市制定《2021 年泉州市建立工业投资市领导挂钩联系制度的工作方案》，强化项目带动，实施分级挂钩，推动工业投资工作。并于 2021 年 9 月印发《泉州市绿色数字技改专项行动方案》，引导企业扩大技改有效投资，进一步增强产业发展后劲。

2022 年 3 月，泉州市以《新时代数字福建发展纲要》《福建省"十四五"数字福建专项规划》《泉州市国民经济和社会发展第十四个五年规划和二〇三五年远景目标纲要》为依据，进一步印发《泉州市"十四五"数字泉州专项规划》，强调结合泉州市发展实际和经济社会发展需求，构建公共数据资源市级"三平台一中心"体系，推进泉州数字研究院建设，探索建设泉州量子保密通信网等一系列具有泉州优势和特色的内容，全力打造"数字丝路"战略支点城市、海丝数字科创之都、海丝数字应用标杆城市和国内知名工业互联网城市。

2023年，泉州市为加快制造业数字化、网络化、智能化转型升级，推动全市制造业高质量发展，印发《泉州市推动智能制造数字化赋能若干措施》，制定支持中小企业数字化转型、培育标杆企业、推广工业设计应用、支持打造产业大脑、支持园区企业建设等发展措施，从企业、产业、工业设计、园区等多方面促进泉州市智能制造数字化赋能。为进一步推进全市工业设计创新能力提升，泉州市印发《泉州市推进工业设计能力提升若干扶持措施》，通过提升工业设计公共服务能力、企业主体创新能力、产业应用能力、人才培养能力、品牌孵化能力等5个方面20项措施，促进工业设计与制造业全领域的深度融合，赋能泉州市制造业高质量发展。

为全面推进泉州市制造业智能化改造和数字化转型，实现制造业高质量发展，泉州市印发《泉州市智能制造数字化赋能三年行动方案（2023—2025）》（泉政办明传〔2023〕30号），制定推进全流程数字化、推进"未来工厂"建设、推进共享设计制造、推进产业大脑建设、推进数字化园区建设等5大重点任务，提出支持中小企业数字化能力提升、树立龙头标杆示范、强化工业设计赋能、培育工业互联网平台、提升园区数字化水平、培育根植性强数字化服务商、加强技术研发创新、加强数字化技术人才培养、加强金融赋能作用等9项主要措施，大力促进制造业提质、增效、降本、绿色安全发展，深化数字赋能产业转型升级，建设"智造强市"。同时市政府办出台《关于印发泉州市工业设计能力提升专项行动方案（2023—2025年）的通知》（泉政办明传〔2023〕38号），聚焦泉州市产业特色和工业设计能力提升关键环节，重点打造"1+4+N"工业设计发展支撑体系，即1个创新设计产业园、4个产业链条、N个产业聚集园区。为加快建设泉州创新设计产业园，泉州市人民政府出台《关于印发泉州市工业设计能力提升专项行动年度工作计划的通知》（泉政办明传〔2023〕68号），提出2023年10月—2024年12月工业设计能力提升专项行动年度工作计划，围绕强基础、育平台、铸链条、抓赛事、优生态等5个方面17项工作计划开展规划布局。

（二）企业政策规划

泉州市发挥龙头企业引领作用，鼓励高新技术企业、明星企业高质量创新发展。泉州市重视龙头企业引领发展，通过多项政策规划加大龙头企业培育力度。2021 年泉州市制定出台《泉州市进一步支持制造业高质量发展的若干措施》，提出培育龙头企业等 13 条政策"干货"，成为泉州市"1＋N＋N"政策体系（"九奖""八补""七服务"政策礼包）的重要内容，有力推动泉州市制造业焕发新活力。同时完善《泉州市工业和信息化市级龙头企业评价管理暂行规定》，培育省级龙头企业 157 家、市级产业龙头企业 302 家。2023 年，泉州市出台《泉州市人民政府办公室关于印发泉州市支持制造业龙头企业引领创新若干措施的通知》（泉政办规〔2023〕15 号），鼓励企业打造"灯塔工厂"，建设制造业创新中心，支持企业参与共建国家、省级重点（工程）实验室，支持龙头企业与高校院所合作共建异地联合创新孵化中心和异地创新工作站，实行营收首超奖励、经营贡献奖励，扩大技术创新基金支持范围，并建立龙头企业服务绿色通道，持续激发全市民营制造业龙头企业发展活力和创造力，助推制造业创新发展、转型升级，进一步支持民营制造业龙头企业做大做强做优。

泉州市为全面实施创新驱动发展战略，培育壮大高新技术企业，推动高新技术企业高质量发展，2023 年 10 月出台《泉州市人民政府办公室关于印发泉州市培育壮大高新技术企业若干措施的通知》（泉政办规〔2023〕14 号），针对培育壮大全市高新技术企业，提出推动高新技术企业高质量发展的 10 条措施。该政策作为泉州市支持创新"1＋3＋N"政策体系的组成部分，相较现有高企政策新增了 5 条措施、优化了 5 条措施。

泉州市中小企业数量居多，为全面提升企业发展，泉州市大力推动中小企业走"专精特新"发展之路，近年来新增国家专精特新"小巨人"企业 18 家，省级专精特新中小企业 34 家，国家级制造业单项冠军 4 家，省级制造业单项冠军 8 家，并荣获全省中小企业梯度培养正向奖励考评第一名。2023 年，为进一步鼓励中小企业走"专精特新"之路，培育泉州产业发展"金苗子"、生力军，增强泉州产业高质量发展新动能、新优势，加大对专精特新企业支持力度，泉州市出台《泉州市人民政府办公室关于印发泉州市促进专精特新企业加快发展若干措施的通知》（泉政办规〔2023〕12 号），通过提高政策奖励标准、降低技改贴息申报门槛、纳入技术创新基金"白名单"、加大认定奖励力度、鼓励在北交所上市、支持打造专精特新园区、支持入驻工业（产业）标准化园区、大力招引"小巨人"企业、鼓励开展申报认定辅导、加强资源要素保障等10项措施激励全市专精特新企业培育。并在2023年10月印发《泉州市专精特新企业倍增行动方案（2023年—2025年）》，聚焦"专、精、特、新、链、品"，重点围绕电子信息、智能装备、新材料3大产业方向、10个细分领域的链群，大力培育专精特新企业。

（三）科技政策规划

泉州市将科技创新作为第一重点任务，坚持创新在现代化建设全局中的核心地位，通过企业集群、创新平台、创新体制等方面重点布局，打造创新引领高地。为建设海丝名城、智造强市、品质泉州提供知识产权保障和支撑，泉州市大力推动知识产权高质量发展，2022年1月印发《泉州市人民政府关于促进知识产权高质量发展的若干意见》，聚焦全市"六三五"产业新体系的战略部署，建立健全创新发展机制，各知识产权单位协同工作，促进知识产权高质量创造、高效益运用、高标准保护、高水平服务。2022年1月，泉州市为明确科技创新发展的总体思路、发展目标、发展重点和体系建设等重点内容，印发《泉州市"十四五"科技创新发展专项规划》，提出围绕泉州市各区创新发展"一核两翼多点"的空间布局新模式，通过关键核心技术、前瞻技术研究和民生与公益领域科技创新3项发展重点，进一步释放全市产业、科技、金融、人才聚合效应，加快形成以创新引领和支撑全方位推进高质量发展超越的新局面。

2023年，泉州市主动链接全国（全球）创新资源，印发《关于加强创新驱动引领高质量发展的实施意见》，通过"增强企业自主创新能力""建设高能级创新平台""打造工业设计创新服务体系""加快智能制造数字化赋能""广泛链接创新资源""畅通科技成果转化通道""加大创新保障力度"等实施意见，推动创新链、产业链、资金链、人才链深度融合，加快形成更多新质生产力，为建设海丝名城、智造强市、品质泉州提供科技支撑力量。

为进一步促进科技成果高质量转化和产业化，泉州市印发《泉州市人民政府办公室关于印发泉州市促进科技成果转化落地若干措施的通知》（泉政办规〔2023〕13号），从供给、需求、服务3方面入手，凝练优化原有政策形成新的8条措施，加快构建以需求为导向、政产学研金服多方协同的科技成果转移转化体系，激发各类创新主体积极性，增强科技成果转化落地服务能力，促进科技成果高质量转化和产业化，赋能全市产业高质量发展。2023年10月，为高效嫁接利用先进地区、科创高地优势创新资源,大力推动"开放创新、泉州智造",强化全市产业科技创新成果供给,泉州市科学技术局、泉州市工业和信息化局、泉州市财政局、泉州市人力资源和社会保障局4部门联合印发《关于印发泉州市促进异地研发孵化若干措施的通知》(泉科规〔2023〕3号),针对促进异地研发孵化提出了11条扶持措施。

为不断创新和发展"晋江经验",加大对企业工业设计、专精特新、高新技术、海外拓展等创新探索及拓展"五新"技术应用的金融服务支持力度,推动创新与设计引领,打造全球先进制造重要基地,助推泉州经济高质量发展超越,泉州市印发《泉州市金融支持创新发展若干措施》(泉金规〔2023〕5号),健全创新型企业融资"白名单",并发挥福建省"金服云"平台融资撮合功能,推动创新企业通过"金服云"平台获得信贷支持。泉州市在持续加大财政科技投入的同时,着力构建涵盖科技创新全链条、科技企业发展全周期的财政金融支持体系,印发《泉州市支持大院大所技术研发与成果转化若干措施》(泉财规〔2023〕3号),提出扩大技术创新基金支持范围、做实天使基金支持投早投小、实施创新研发设备购置补助、建立科技成果转化激励机制、支持大院大所实行公司化改制等措施,支持大院大所技术研发与成果转化。

在创新人才培育方面,为进一步支持泉州市专精特新企业、国家级高新技术企业及工业设计等领域创新人才队伍发展,发挥创新人才在专精特新企业和国家级高新技术企业及工业设计等领域中的引领作用,推动全市人才链和创新链、产业链的深度融合,泉州市印发《泉州市人力资源和社会保障局等三部门关于印发泉州市进一步支持专精特新和国家级高新技术企业及工业设计等领域创新人才发展若干措施的通知》(泉人社规〔2023〕2号),通过5个方面9个具体措施持续推动创新人才的引进和培育工作,推动创新人才队伍的不断壮大,为全市经济社会发展提供有力支撑。

第二节 知识产权现状

创新驱动引领发展,而知识产权是科技创新的直接体现方式之一,泉州市近年来大力推动知识产权事业发展,取得不断进展。截至2023年底,全市有效发明专利拥有量1.9万件，每万人发明专利拥有量达22.7件，较上年增长6.5件。同时商标的品牌效应进一步发挥，德化县陶瓷版权保护经验列入知识产权强国建设典型案例，商标有效注册量突破76万件，达765467件，约占全国商标总量的1/60，保持全国地级市首位。2023年，泉州市联动实施质量、标准、品牌战略，强化知识产权发展与保护，国家知识产权示范企业和优势企业总量达124家，入选民企发明专利榜单500强4家。

泉州市积极推动知识产权转化运用，围绕"六三五"产业体系发展中的技术"瓶颈"，鼓励重点产业、龙头企业实施产业规划类、企业运营类专利导航及高价值专利培育项目，寻找专利与产品创新、产业升级的契合点，引导企业专利研发布局保护从"树叶型"浅表层技术领域向"树根型"核心技术领域拓展延伸。2023年以来，全市新增中国专利奖4件、福建省知识产权优势企业35家，累计分别有44个、39个、253个专利项目分获中国专利奖、福建省专利奖、泉州市专利奖。2021年8月，泉州市知识产权保护中心通过国家知识产权局验收并投入运行，成为全省首个国家级知识产权保护中心，为泉州智能制造和半导体产业提供专利快速预审、快速确权、快速维权、运用促进等"一站式"知识产权综合服务。2023年1月，泉州市知识产权保护中心入选首批国家级专利导航服务基地，实现国家级平台新突破。

此外，泉州市深化知识产权强市建设，在知识产权保护中强化部门协作，建立从生产到流通环节的全域保护机制，深化丰泽区知识产权服务业集聚发展区和晋江市知识产权运营服务集聚区建设，加强知识产权金融服务，加大对专利、商标违法行为的打击力度，构建与"智造强市"相适应的知识产权服务生态圈。

一、专利布局现状

（一）专利申请情况

截至2023年底，泉州市专利申请量❶为433771件，通过图2-2-1可以看出，泉州市专利申请以实用新型专利为主，占3种专利类型的52.8%，发

---

❶ 本书中涉及专利申请量均为截至2023年底已公开的专利申请量。

明专利占比14.4%，外观设计占比32.8%。从专利申请趋势来看，1993年泉州市专利申请量突破百件，2001年开始进入千件，2012年则突破万件，2012—2020年专利申请量保持高速增长，年均增速高达20.5%。考虑专利从申请到公开的滞后性，在已公开的专利中，泉州市2020年专利申请量达到历史最高，为55353件。

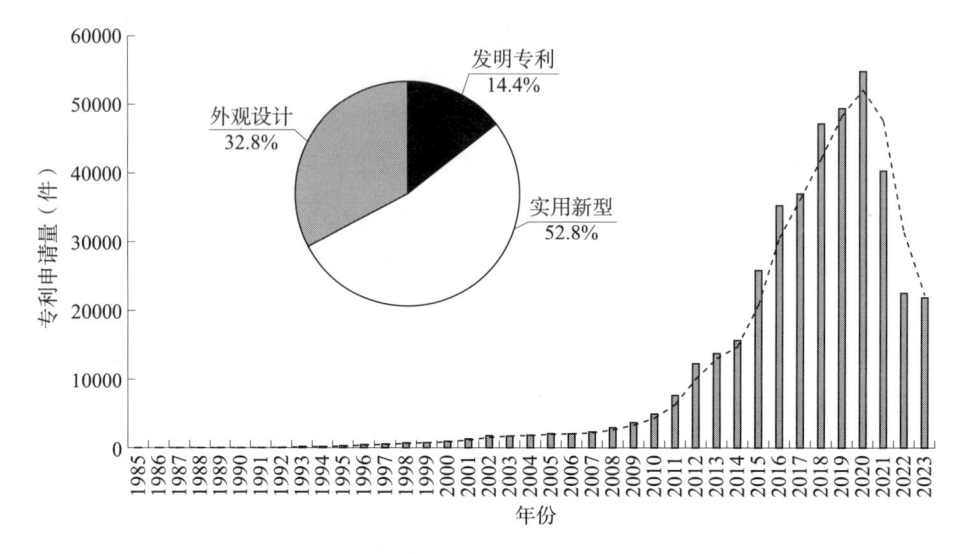

图2-2-1 泉州市专利申请情况

如图2-2-2所示，从历年专利类型分布来看，泉州市专利申请中实用新型占据显著优势，除2013年的47.1%和2014年的39.0%，2010—2021年的其余年份占比均超五成，其中2016年达到占比峰值60.5%；其次是外观设计，历年在3种类型专利申请量中所占比重大部分在三成左右，其中2014年和2023年反超实用新型，所占比重分别达47.1%和41.9%；泉州市反映核心技术转化的发明专利在3种专利类型中处于弱势，2010—2023年所占比重最大，仅为2018年的21.2%，其余年份均不足两成。

如图2-2-3所示，从泉州市区域专利分布来看，截至2023年底，晋江市申请专利114023件，占泉州市全部专利申请量的比重为26.3%，位居泉州市下辖各县（市、区）首位。南安市和惠安县分别以89041件、54119件专利申请量位居泉州市下辖各县（市、区）第2位、第3位，专利申请量所占比重分别为20.5%、12.5%。丰泽区（35335件）、安溪县（29951件）、石狮市（25316件）、鲤城区（20734件）、德化县（19662件）、泉港区（16459件）、永春县（15364件）和洛江区（13760件）专利申请量均在4万件以下，占泉州市专利申请量的比重均不足一成。

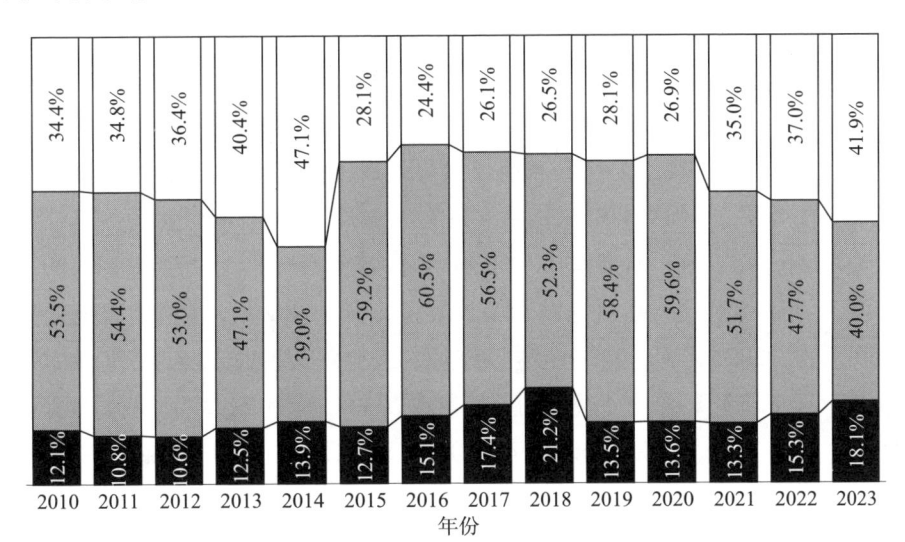

图2-2-2 泉州市3种专利类型申请量占比❶

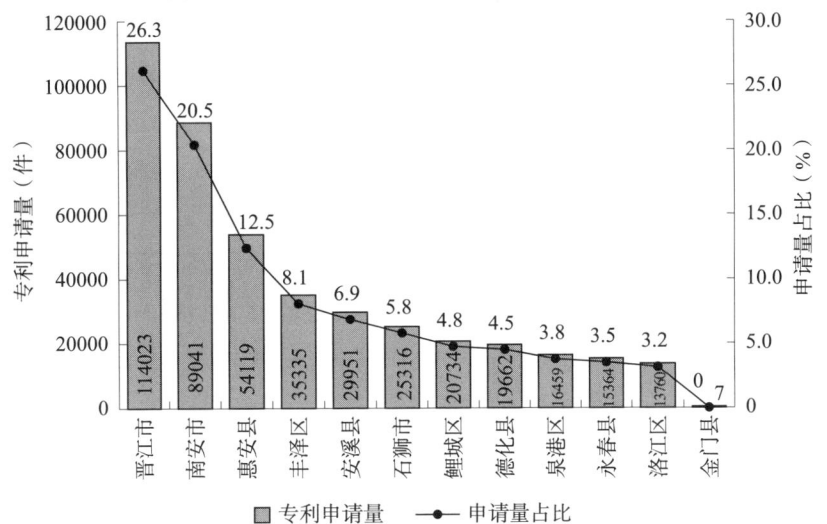

图2-2-3 泉州市下辖各县（市、区）专利申请分布情况❷

---

❶ 本书中数据因四舍五入，有些总和可能并不等于100%，后文不再一一说明。

❷ 泉州市下辖各县（市、区）根据国家统计局官网中2023年统计用区划代码和城乡划分代码进行标记。

（二）专利授权情况

如图 2-2-4 所示，截至 2023 年底，泉州市专利授权量为 394062 件，授权专利同样以实用新型为主，占 3 种专利类型的 58.1%，其次是外观设计，所占比重为 36.1%，发明专利占比仅为 5.8%，低于泉州市专利申请量中发明专利所占比重（14.4%）。从专利授权趋势来看，截至 1993 年，专利授权累计总量仅有 198 件，但 1994 年专利授权量突破百件，2001 年突破千件，专利授权量为 1024 件，2013 年泉州市专利授权量突破万件，为 14248 件，2013—2020 年泉州市专利授权量进入波动增长阶段，其中 2020 年专利授权量达到峰值 55937 件。2021 年和 2022 年受实用新型专利授权的影响，泉州市整体专利授权量出现下降，但年授权量仍在 4 万件以上，其中 2022 年专利授权量为 40356 件，而 2023 年专利授权量为 37505 件，较 2022 年同比下降 7.1%。

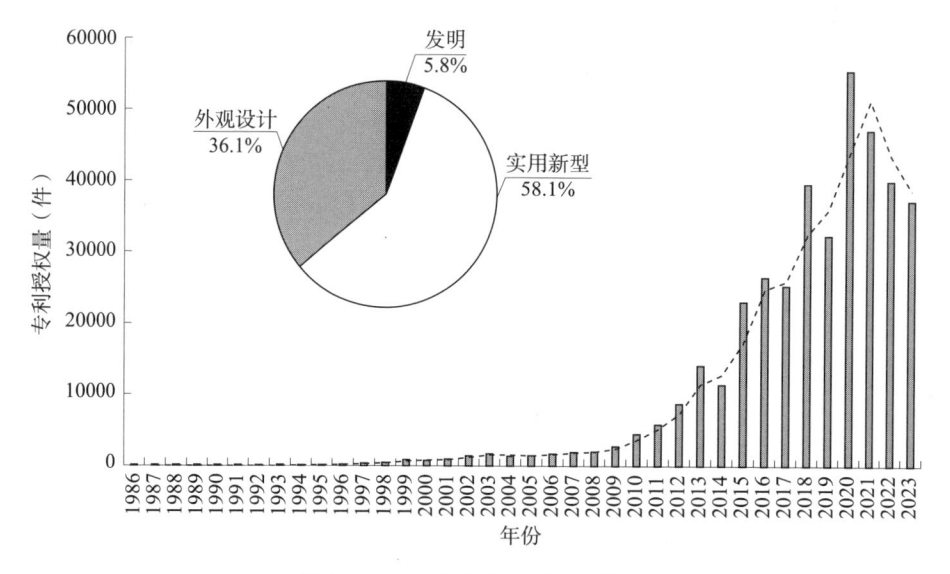

图 2-2-4 泉州市专利授权情况

如图 2-2-5 所示，从泉州市授权专利类型分布来看，泉州市仍以实用新型为主，2011—2023 年实用新型授权量占泉州市全部专利授权量的比重均在五成以上，其中 2016 年占比最高，达 67.5%；2010 年，泉州市外观设计专利授权量占据优势，在 3 种专利类型中所占比重达 51.3%，超过实用新型和发明专利，2011—2023 年在全市专利授权量中的比重均在两成以上；3 种专利类型中，发明专利获得授权的比例最低，2010—2023 年所占比重均不足一成，2017 年、2018 年和 2023 年占比较大，也仅分别为 9.7%、8.6% 和 9.6%。

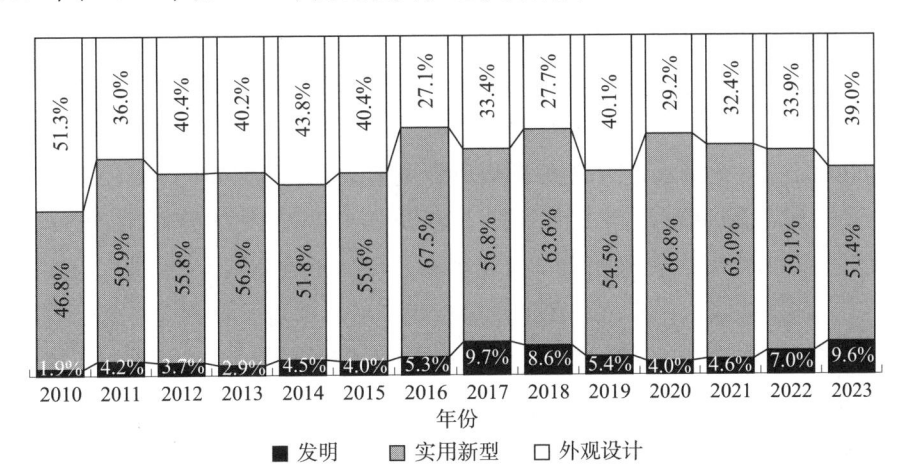

年份	发明	实用新型	外观设计
2010	1.9%	46.8%	51.3%
2011	4.2%	59.9%	36.0%
2012	3.7%	55.8%	40.4%
2013	2.9%	56.9%	40.2%
2014	4.5%	51.8%	43.8%
2015	4.0%	55.6%	40.4%
2016	5.3%	67.5%	27.1%
2017	9.7%	56.8%	33.4%
2018	8.6%	63.6%	27.7%
2019	5.4%	54.5%	40.1%
2020	4.0%	66.8%	29.2%
2021	4.6%	63.0%	32.4%
2022	7.0%	59.1%	33.9%
2023	9.6%	51.4%	39.0%

图 2-2-5 泉州市 3 种专利类型授权量占比

如图 2-2-6 所示，从泉州市区域分布来看，专利授权分布情况与专利申请情况基本一致。截至 2023 年底，晋江市专利授权量 104608 件，占泉州市专利授权量的比重为 26.5%，居泉州市下辖各县（市、区）首位；其次为南安市（81684 件，占比 20.7%）、惠安县（49262 件，占比 12.5%）；丰泽区

县（市、区）	专利授权量（件）	授权量占比（%）
晋江市	104608	26.5
南安市	81684	20.7
惠安县	49262	12.5
丰泽区	28940	7.3
安溪县	28484	7.2
石狮市	22761	5.8
鲤城区	18552	4.7
德化县	18510	4.7
永春县	14709	3.7
泉港区	14159	3.6
洛江区	12387	3.1
金门县	6	0.0

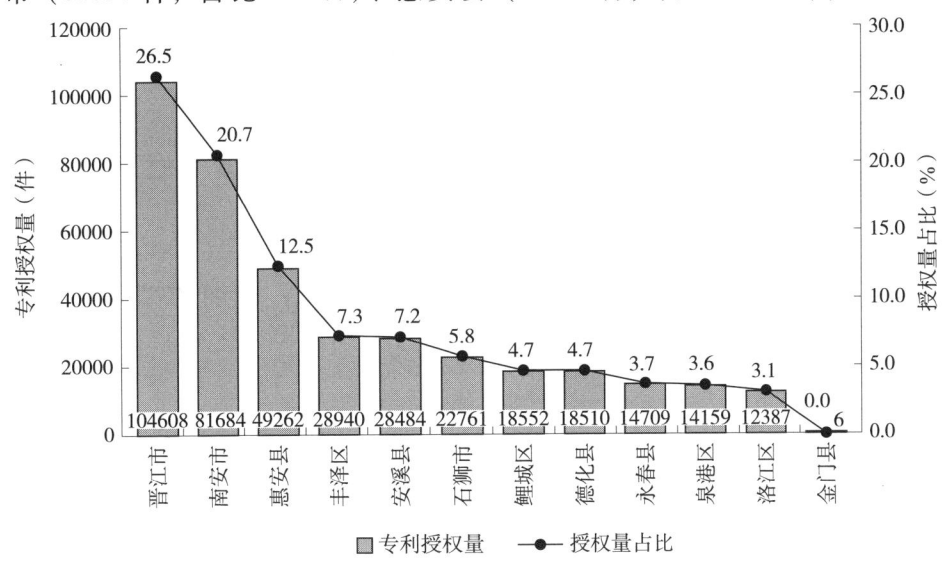

图 2-2-6 泉州市下辖各县（市、区）专利授权分布情况

(28940件)、安溪县（28484件）、石狮市（22761件）专利授权量均在3万件以下、2万件以上，占泉州市专利授权量的比重也均在8%以下、5%以上；除金门县外，其余各县（市、区）专利授权量均在万件以上。

（三）专利有效情况

如图2-2-7所示，2023年泉州市专利有效量为194601件，较上年同比增长15.2%，其中晋江市、南安市、惠安县专利有效量分别为56505件、34602件、24642件，占泉州市全市专利有效量的比重分别为29.0%、17.8%、12.7%，其余区域占比不足一成。从专利类型分布来看，泉州市有效专利中仍以实用新型居多，2019—2023年，实用新型专利有效量占3种类型的比重均在50%以上，且2019—2022年逐年增长，2022年高达63.1%，占据显著的积累优势。泉州市有效专利中发明专利不具有数量优势，2019—2023年占比均在一成以下，但从专利数量变化情况来看，5年年均增长13.2%，尤其是2021年和2022年，同比增速分别为30.3%、19.6%，均高于实用新型和外观设计专利有效量增长速度。

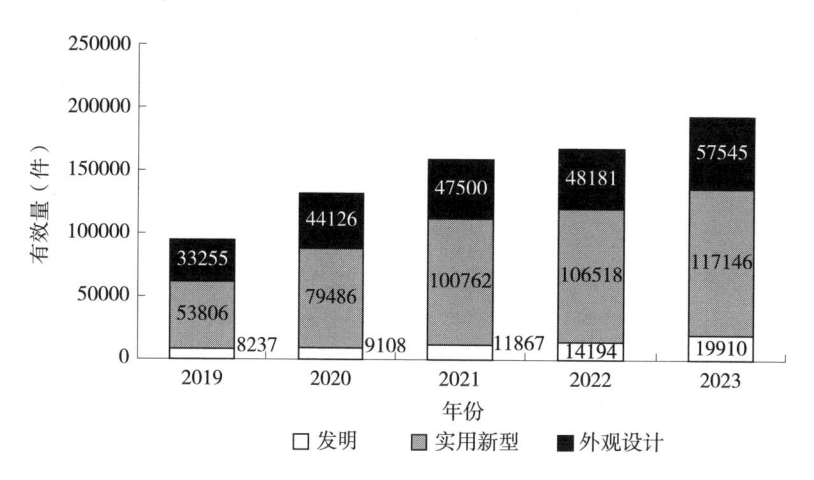

图2-2-7 泉州市2019—2023年有效专利及有效发明专利占比

具体来看，泉州市下辖各县（市、区）发明专利有效量分布情况如图2-2-8所示。截至2023年底，晋江市以4426件有效发明专利位居泉州市下辖各县（市、区）首位，其次是惠安县（3813件）、丰泽区（3426件）和南安市（2786件），其余各县（市、区）均在千件以下。

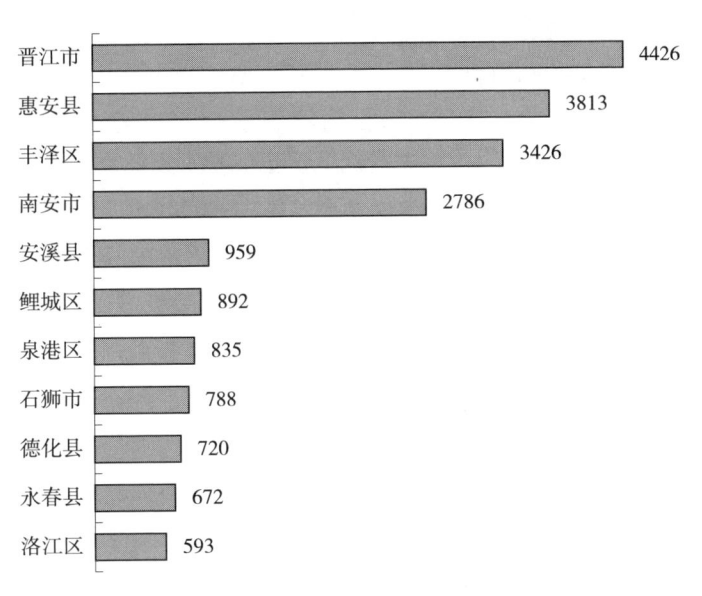

晋江市	4426
惠安县	3813
丰泽区	3426
南安市	2786
安溪县	959
鲤城区	892
泉港区	835
石狮市	788
德化县	720
永春县	672
洛江区	593

图 2-2-8　截至 2023 年底泉州市下辖各县（市、区）有效发明专利分布情况（单位：件）

（四）创新主体情况

截至 2023 年底，泉州市专利申请累计量前 10 位的申请人合计申请专利 2.4 万件，如图 2-2-9 所示。华侨大学以 6935 件专利位居首位，其中发明专利占 4702 件。九牧厨卫股份有限公司、安踏（中国）有限公司、特步（中国）有限公司分别以 5374 件、2110 件、2000 件专利申请量位列第 2、3、4 位，其中发明专利申请量分别为 737 件、335 件、98 件。泉州师范学院专利申请量为 1060 件，仅位于泉州市全部申请人第 7 位，但其发明专利申请量（627 件）仅次于华侨大学和九牧厨卫股份有限公司，居第 3 位。

截至 2023 年底，泉州市专利授权量前 10 位的专利权人累计获得专利授权 1.9 万件，如图 2-2-10 所示。九牧厨卫股份有限公司以 4945 件位居首位，但仅有 308 件专利为发明专利。华侨大学和特步（中国）有限公司分别以 4408 件和 1929 件专利授权量位列第 2、3 位，其中华侨大学的发明专利授权量为 2175 件，居专利授权量前 10 位专利权人首位。安踏（中国）有限公司（1909 件）、福建西河卫浴科技有限公司（1673 件）、黎明职业大学（1391 件）专利授权量均超千件，泉州师范学院（257 件）、福建浔兴拉链科技股份有限公司（247 件）、黎明职业大学（167 件）、安踏（中国）有限公司（134 件）发明专利授权量均超百件。

申请人	专利申请量	发明专利申请量
华侨大学	6935	4702
九牧厨卫股份有限公司	5374	737
安踏（中国）有限公司	2110	335
特步（中国）有限公司	2000	98
福建西河卫浴科技有限公司	1830	241
黎明职业大学	1580	356
泉州师范学院	1060	627
福建浔兴拉链科技股份有限公司	1027	372
福建南方路面机械有限公司	1010	238
泉州市汉威机械制造有限公司	879	155

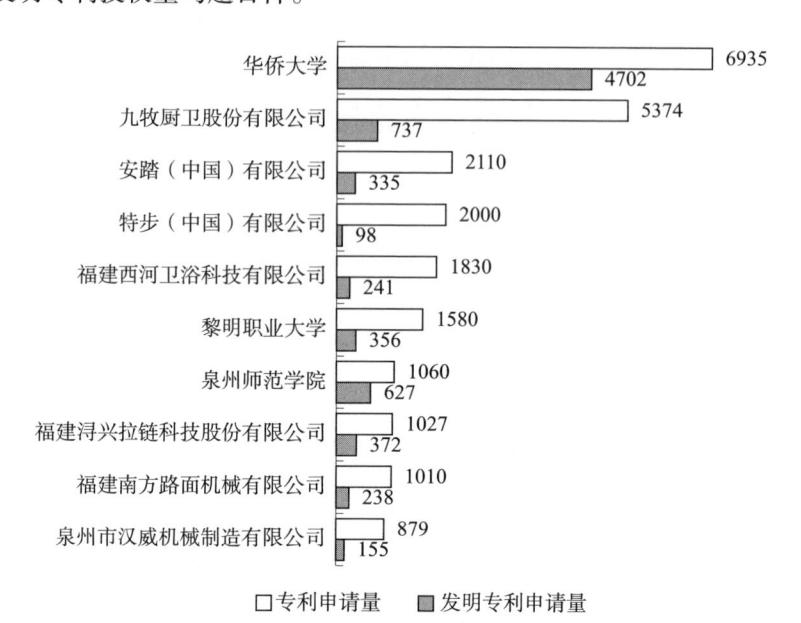

图 2－2－9　截至 2023 年底泉州市专利申请量前 10 位申请人专利情况（单位：件）

专利权人	专利授权量	发明专利授权量
九牧厨卫股份有限公司	4945	308
华侨大学	4408	2175
特步（中国）有限公司	1929	27
安踏（中国）有限公司	1909	134
福建西河卫浴科技有限公司	1673	84
黎明职业大学	1391	167
福建浔兴拉链科技股份有限公司	902	247
福建南方路面机械有限公司	845	73
泉州市汉威机械制造有限公司	791	67
泉州师范学院	690	257

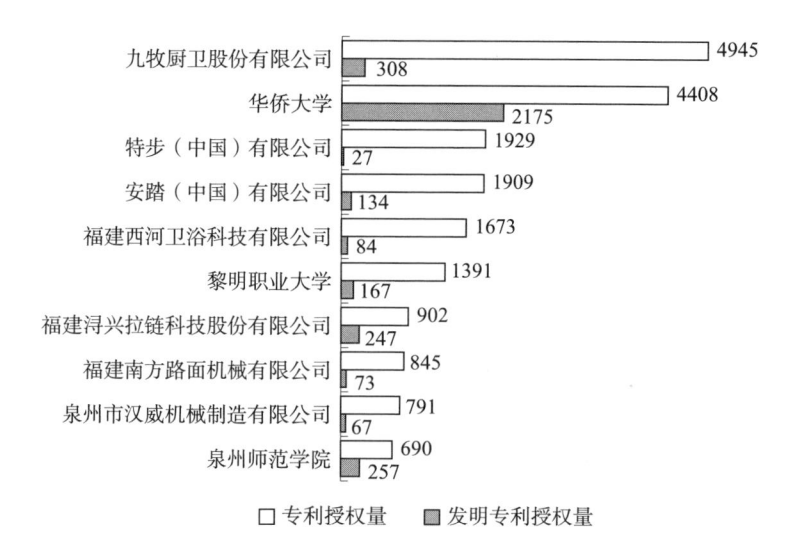

图 2－2－10　截至 2023 年底泉州市专利授权量前 10 位专利权人专利情况（单位：件）

如图 2-2-11 所示，截至 2023 年底，泉州市发明专利有效量前 10 位的专利权人专利有效量均超百件，从专利权人类型来看，包括 6 家企业、3 所高校、1 家科研机构，其中华侨大学以 1938 件有效发明专利遥遥领先。九牧厨卫股份有限公司以 305 件有效发明专利位列第 2 位，泉州师范学院以 214 件有效发明专利位列第 3 位，其余专利权人发明专利有效量均在 200 件以下。

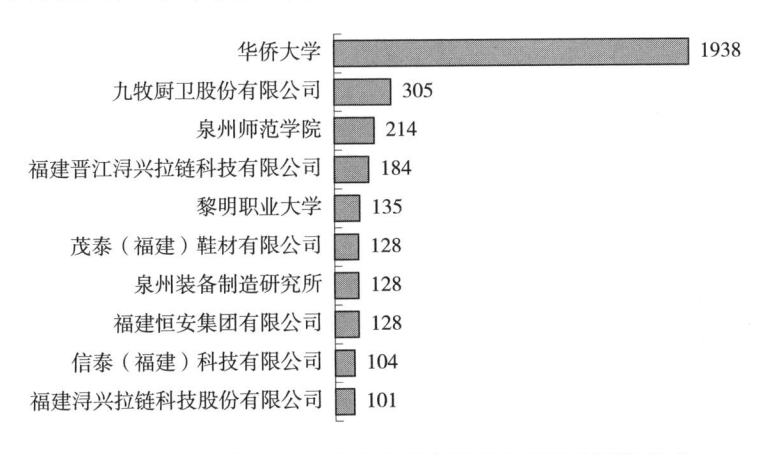

专利权人	有效发明专利数量
华侨大学	1938
九牧厨卫股份有限公司	305
泉州师范学院	214
福建晋江浔兴拉链科技有限公司	184
黎明职业大学	135
茂泰（福建）鞋材有限公司	128
泉州装备制造研究所	128
福建恒安集团有限公司	128
信泰（福建）科技有限公司	104
福建浔兴拉链科技股份有限公司	101

图 2-2-11　截至 2023 年底泉州市发明专利有效量前 10 位专利权人专利情况（单位：件）

二、商标布局现状

2014—2023 年，泉州市累计申请商标 102.6 万件，通过图 2-2-12 能够直观看到，2020 年之前泉州市商标申请整体处于增长态势，但 2023 年泉州市仅申请商标 10.5 万件，较 2022 年同比下降 6.2%，2020—2023 年，泉州市商标申请量出现大幅度下降，年均下降 16.2%。泉州市商标注册量也由 2021 年的 14.1 万件下降至 2023 年的 6.5 万件。从商标有效注册量维持情况来看，截至 2023 年底，泉州市商标有效注册量为 76.5 万件，较上年同比增长 6.4%，2014—2023 年年均增速为 18.3%，近几年增速有所放缓。

如图 2-2-13 所示，在泉州市商标有效注册量前 10 位的商标注册人中，福建大展实业有限公司以 1243 件有效商标位列商标注册人首位，其余商标注册人商标有效注册量均不足千件。九牧厨卫股份有限公司和九牧王股份有限公司分别以 838 件、701 件有效商标位列商标注册人第 2、3 位。前 10 位商标注册人中，第 4~7 位注册人商标有效注册量为 500~600 件，第 10 位的福建奇鹭物联网科技股份公司拥有有效注册商标 461 件。

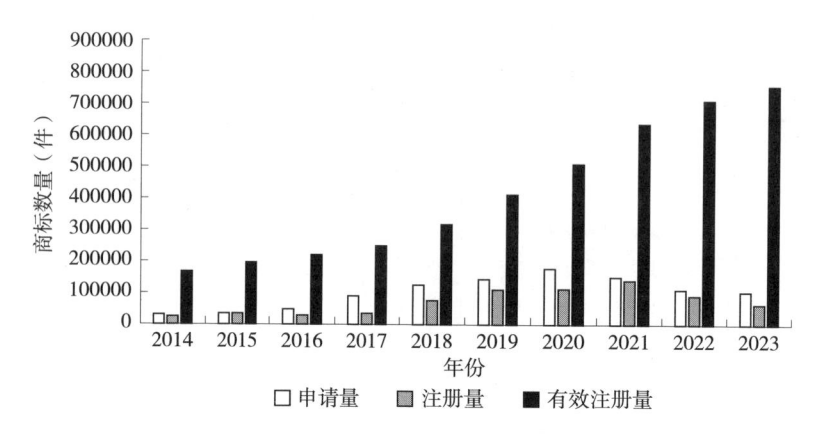

图 2-2-12　泉州市商标申请量、注册量和有效注册量

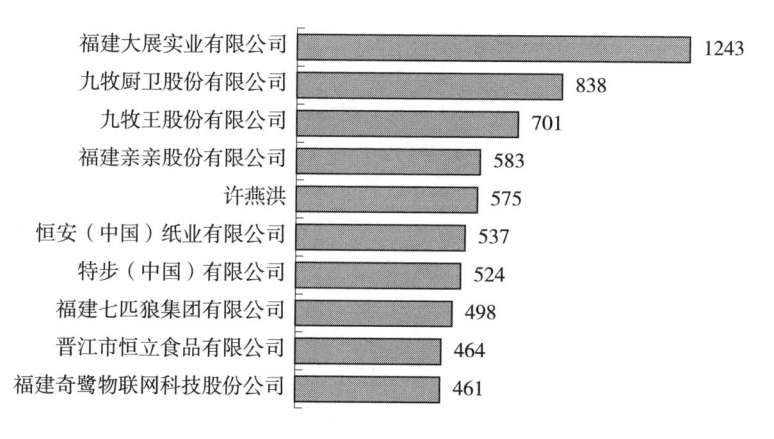

图 2-2-13　截至 2023 年底泉州市商标有效注册量前 10 位商标注册人情况（单位：件）

三、集成电路布图设计现状

截至 2023 年底，泉州市累计申请集成电路布图设计 70 件，如图 2-2-14 所示。泉州市 2012 年和 2013 年均仅申请 1 件，2019 年和 2020 年分别申请 19 件和 21 件，其中 2020 年申请量为历史最高。2023 年泉州市申请 9 件集成电路布图设计，较上一年增加 5 件。晋江市、惠安县和丰泽区集成电路布图设计申

请量分别为 21 件、19 件和 12 件，其余区县均在 5 件以下。

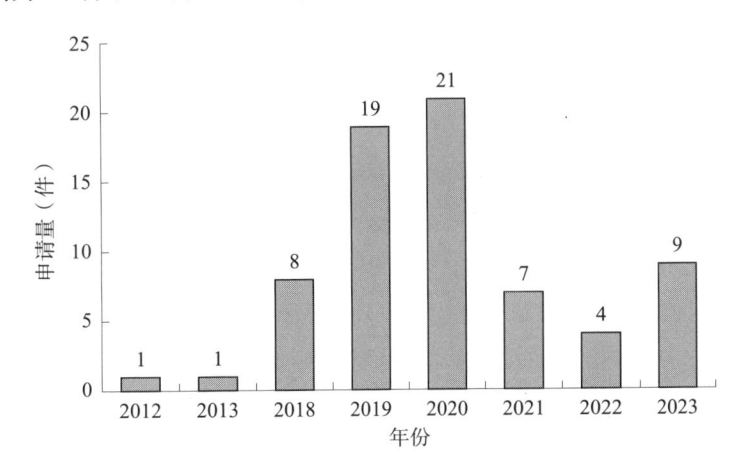

图 2-2-14　泉州市集成电路布图设计历年申请量

如图 2-2-15 所示，截至 2023 年底，泉州市集成电路布图设计申请量超 1 件的申请人共有 9 位，其中泉州海川半导体有限公司以 20 件居首位，其次是泉州昆泰芯微电子科技有限公司，申请量为 14 件，灵源药业有限公司、宏芯科技（泉州）有限公司、泉州创立得智能科技有限公司均以 5 件并列第 3 位。从申请人类型分布来看，泉州市集成电路布图设计申请量超 1 件的申请人均为企业。

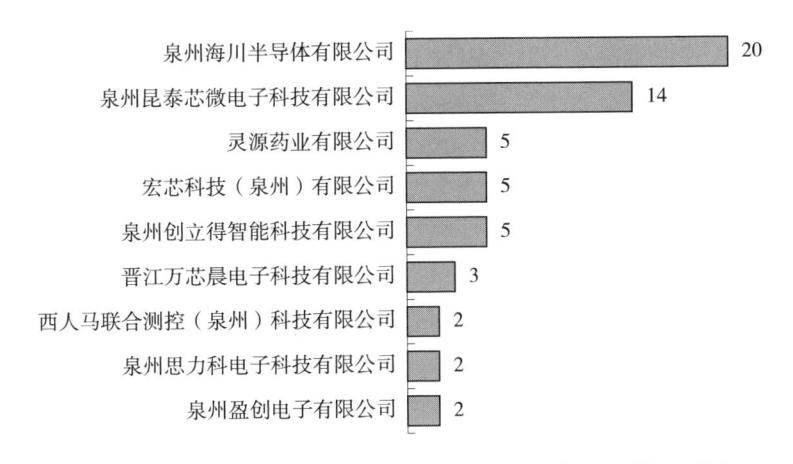

图 2-2-15　集成电路布图设计申请人累计申请量（单位：件）

四、地理标志现状

地理标志是 TRIPs 协定（《与贸易有关的知识产权协定》，Agreement on Trade – Related Aspects of Intellectual Property Rights）规定的 7 种知识产权之一，是一种承载巨大经济价值的无形资产。我国地理标志资源丰富，潜在的商业价值和文化价值十分突出。《中华人民共和国民法典》明确将"地理标志"专门列为一类知识产权客体，确立了地理标志权在知识产权权利体系中的重要地位。地理标志资源的运用依托区位优势、生态环境、旅游特色、资源禀赋、产业基础等条件，逐步成为各省份提振经济、兴农富农的重要手段❶。

（一）地理标志产品数量

地理标志是标识产自特定区域、具有特色质量、声誉或其他特性本质与产地的自然因素和人文因素密切相关的特定产品的重要知识产权。地理标志产品是指依照《地理标志产品保护规定》的相关规定，获准保护的原产地地理标志产品。

如表 2 – 2 – 1 所示，截至 2023 年 7 月，泉州市累计获保护地理标志产品 12 个。从获保护历程来看，泉州市在 2004 年获保护第一件地理标志产品（惠安余甘果系列产品），2004—2009 年，陆续获保护了 9 件，2014—2017 年又获保护了 3 件地理标志产品，且 3 件产品均为泉州市永春县申报。自 2018 年国务院机构改革以来，泉州市再无获保护的地理标志产品。

表 2 – 2 – 1　泉州市地理标志产品名录

产品名称	保护公告号
惠安余甘果系列产品	原国家质检总局 2004 年第 150 号
安溪铁观音	原国家质检总局 2004 年第 91 号
永春芦柑	原国家质检总局 2005 年第 165 号
永春篾香	原国家质检总局 2006 年第 199 号
德化白瓷	原国家质检总局 2006 年第 201 号
永春佛手	原国家质检总局 2006 年第 203 号

---

❶ 鉴于我国目前存在地理标志保护产品、地理标志商标等不同行政审批体系，本书采用地理标志保护产品口径进行统计。

续表

产品名称	保护公告号
德化黑鸡	原国家质检总局2007年第198号
永春老醋	原国家质检总局2009年第81号
湖头米粉	原国家质检总局2009年第107号
永春漆篮	原国家质检总局2014年第55号
永春纸织画	原国家质检总局2015年第44号
岵山荔枝	原国家质检总局2017年第98号

《地理标志产品保护规定》第九条要求："申请保护的产品在县域范围内的，由县级人民政府提出产地范围的建议；跨县域范围的，由地市级人民政府提出产地范围的建议；跨地市范围的，由省级人民政府提出产地范围的建议。"依据初始申报单位的级别，可以将地理标志产品的保护地域范围划分为区县级、地市级和省级。如表2-2-2所示，泉州市的12个地理标志产品的保护地域范围均为区县级，分布于永春县（7个）、安溪县（2个）、德化县（2个）和惠安县（1个）等4个区县，其余8个区县无地理标志产品，申请人地域比较集中。

表2-2-2 泉州市地理标志产品分布

区县名称	获保护地理标志产品
永春县	永春芦柑、永春篾香、永春佛手、永春老醋、永春漆篮、永春纸织画、岵山荔枝
安溪县	安溪铁观音、湖头米粉
德化县	德化白瓷、德化黑鸡
惠安县	惠安余甘果系列产品

（二）地理标志产品类别

地理标志产品的类别主要包括初级农产品、加工食品、其他初级产品（多为中药材）、其他产品和工艺品。由于地理标志所标示商品与该地理来源相关联，在相当大的程度上涉及产地特有的自然环境条件，包括气候、土壤、水源等因素，并关联特定地域的传统工艺及人文因素，所以保护对象绝大多数是农产品，包括初级农产品和加工食品。如图2-2-16所示，泉州市的12个地理标志产品中，涵盖4个初级农产品、4个加工食品、4个工艺品。

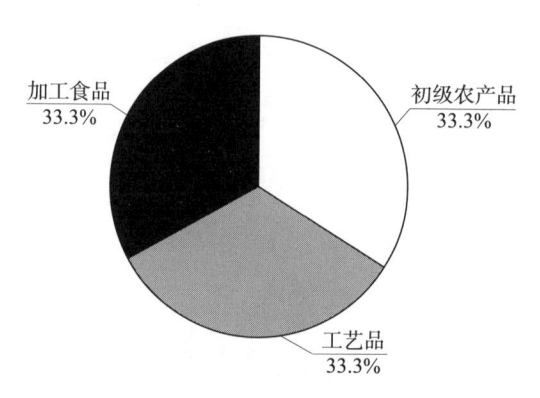

图 2-2-16 泉州市地理标志产品类别分布

(三) 地理标志产品运用

使用地理标志专用标志的企业（以下简称用标企业）是指依照《地理标志产品保护规定》和《地理标志专用标志使用管理办法（试行）》相关规定，经程序审查合格注册登记并发布公告，可在其产品上使用地理标志专用标志，获得地理标志产品保护的企业。

截至 2023 年 7 月，泉州市用标企业共计 347 家，如表 2-2-3 所示。用标企业数量最多的为 2006 年获保护的德化白瓷，用标企业数量为 143 家，排名第 2 位的是 2004 年获保护的安溪铁观音，德化白瓷和安溪铁观音在全国具有较高知名度，其用标企业数量与其知名度相匹配，但需要注意的是，德化白瓷近两年无新增用标企业，地理标志产品运用活力整体呈现下降趋势。

表 2-2-3 泉州市地理标志产品用标情况

序号	地理标志产品名称	用标企业数量（家）
1	德化白瓷	143
2	安溪铁观音	124
3	永春篾香	37
4	永春佛手	18
5	永春芦柑	16
6	永春老醋	6
7	湖头米粉	2
8	德化黑鸡	1
9	惠安余甘果系列产品	0
10	永春漆篮	0
11	永春纸织画	0
12	岵山荔枝	0

永春篾香等6个产品用标企业数量为1~37家不等，值得注意的是，福建永春老醋与山西老陈醋、江苏镇江香醋、四川阆中保宁醋并称为"中国四大名醋"，但永春老醋目前仅有6家用标企业，与山西老陈醋（52家）、江苏镇江香醋（31家）具有较大差异，其地理标志产品运用活力与知名度不匹配，需进一步加强。此外，泉州市目前仍有4个地理标志产品无用标企业，地理标志产品的运用活力不均衡。

2023年，泉州市印发《泉州市市场监督管理局　财政局关于印发进一步促进知识产权高质量发展若干措施的通知》（泉市监规〔2023〕7号），通过促进发明专利快速授权、加大高价值专利培育力度、深化国家知识产权示范创优工作、优化知识产权交易运营服务供给、推动专利与技术标准融合发展、支持知识产权金融创新、提升知识产权公共服务水平、鼓励两岸知识产权交流与合作等8个方面，全面推动全市知识产权高质量发展。

第三节　知识产权省内水平

一、专利活动省内水平

如表2-3-1所示，泉州市2023年地区生产总值为12172.33亿元，在福建省排名第2位，占福建省地区生产总值的22.4%，仅略低于福州市（23.8%），较排名第3位的厦门市高4106亿元。2023年泉州市专利授权量在福建省排名第1位，占福建省全部专利授权量的31.2%，高于厦门市（26.2%）和福州市（19.8%），但发明专利授权量则排名第3位，仅占福建省的20.3%，远低于福州市（30.4%）和厦门市（30.1%）。泉州市截至2023年底专利有效量同样排名第1位，占福建省的比重（29.1%）高于厦门市（27.7%）和福州市（20.4%），但发明专利有效量占福建省的比重（21.3%）低于福州市（32.3%）和厦门市（30.1%）。泉州市经济水平和创新水平均处于福建省上游位置，但从代表核心技术转化的发明专利所占比重来看，则不及厦门市和福州市。

表 2－3－1　福建省各地区专利数量和地区生产总值

地区	2023年专利授权量（件）	2023年发明专利授权量（件）	截至2023年底专利有效量（件）	截至2023年底发明专利有效量（件）	2023年地区生产总值（亿元）
福州	23816	5432	136271	30144	12928
泉州	37505	3618	194601	19910	12172
厦门	31463	5375	185084	28052	8066
漳州	6906	692	47217	3627	5728
宁德	6132	1135	26774	4104	3807
龙岩	4928	632	27126	2637	3317
莆田	3507	320	19308	1888	3070
三明	3060	380	15780	1524	3007
南平	2950	278	16870	1416	2270

万人发明专利拥有量和万人高价值发明专利拥有量先后成为我国"十三五"时期和"十四五"时期创新驱动发展指标，能在一定程度上反映地区创新质量。如表 2－3－2 所示，截至 2023 年底，泉州市万人发明专利拥有量为 22.7 件/万人，在福建省排名第 3 位，低于厦门市（54.4 件/万人）和福州市（36.4 件/万人），略高于福建省平均水平（22.5 件/万人）。泉州市万人高价值发明专利拥有量为 5.5 件/万人，在福建省排名第 3 位，远低于厦门市（27.2 件/万人）和福州市（14.9 件/万人），也低于福建省平均水平（7.4 件/万人）。

表 2－3－2　福建省各地区万人发明专利拥有量和万人高价值发明专利拥有量

地区	截至2023年底发明专利有效量（件）	截至2023年底万人发明专利拥有量（件/万人）	截至2023年底高价值发明专利拥有量（件）	截至2023年底万人高价值发明专利拥有量（件/万人）
福州	30144	36.4	12387	14.9
厦门	28052	54.4	14011	27.2
泉州	19910	22.7	4815	5.5
漳州	3627	7.2	1463	2.9
宁德	4104	13.1	1616	5.1
龙岩	2637	9.7	886	3.3

续表

地区	截至2023年底发明专利有效量（件）	截至2023年底万人发明专利拥有量（件/万人）	截至2023年底高价值发明专利拥有量（件）	截至2023年底万人高价值发明专利拥有量（件/万人）
莆田	1888	5.9	753	2.3
三明	1524	6.1	472	1.9
南平	1416	5.3	505	1.9

二、商标活动省内水平

如表2-3-3所示，2023年，泉州市商标申请量为105267件，在福建省排名第1位，占福建省全部商标申请量的30.4%，高于厦门市（23.6%）和福州市（15.9%），福建省其余城市商标申请量占比均在一成以下。2023年，泉州市商标注册量为65262件，在福建省排名第1位，占福建省全部商标注册量的29.4%，高于厦门市（23.4%）和福州市（16.2%），其余城市占比同样在一成以下。截至2023年底，泉州市商标有效注册量为765467件，遥遥领先于福建省其余城市，占福建省全部商标有效注册量的31.8%，高于厦门市（24.9%）和福州市（15.7%）。泉州市商标水平在福建省始终处于领先位置。

表2-3-3 福建省各地区商标数量情况

地区	2023年商标申请量（件）	2023年商标注册量（件）	截至2023年商标有效注册量（件）
泉州	105267	65262	765467
厦门	81847	51938	599402
福州	55214	35952	376612
漳州	25544	17184	166887
莆田	23162	13819	158714
南平	21411	15047	125533
宁德	14483	10711	95967
龙岩	10823	6406	63958
三明	8573	5351	51311

三、集成电路布图设计申请活动省内水平

如表2-3-4所示,福建省2023年累计申请集成电路布图设计105件,其中78件为厦门市申请人提交,16件为福州市申请人提交,9件为泉州市申请人提交,2件为龙岩市申请人提交,其余城市均无集成电路布图设计申请。

表2-3-4 福建省各地区已公开集成电路布图设计数量

地区	集成电路布图设计申请量(件)
厦门	78
福州	16
泉州	9
龙岩	2
福建省	105

四、地理标志活动省内水平

如表2-3-5所示,泉州市累计获保护地理标志产品略高于福建省平均水平(11.8个),在福建省9个地级市、自治州中排名第5位,处于福建省中游。排名前4位的分别是三明市(24个)、福州市(15个)、宁德市(15个)、漳州市(14个)。

表2-3-5 泉州市获保护地理标志产品情况

地区	地理标志产品数量(个)	排名
三明	24	1
福州	15	2
宁德	15	2
漳州	14	4
泉州	12	5
南平	10	6
莆田	8	7
龙岩	6	8
厦门	2	9

如表 2-3-6 所示，对标福建省各地级市，泉州市工艺品类产品占比优于其他地级市，工艺品资源丰富。泉州市德化县的德化白瓷以质取胜，以白夺目，被视为中国白瓷的杰出代表；泉州市永春县的永春篾香、永春漆篮、永春纸织画等 3 项工艺品均为非物质文化遗产，其中永春纸织画更是国家级非物质文化遗产。泉州市加工食品占比仅排在第 7 位，但安溪县的安溪铁观音、永春县的永春老醋均为同类产品中的佼佼者，具有极高知名度。

表 2-3-6　福建省各地级市获保护地理标志产品类别分布

地区	初级农产品	工艺品	加工食品	其他	其他初级产品
泉州	33.3%	33.3%	33.3%	0	0
福州	33.3%	6.7%	46.7%	6.7%	6.7%
龙岩	50.0%	0	50.0%	0	0
南平	30.0%	10.0%	50.0%	0	10.0%
宁德	40.0%	0	53.3%	0	6.7%
莆田	100.0%	0	0	0	0
三明	58.3%	4.2%	20.8%	0	16.7%
厦门	0	0	100.0%	0	0
漳州	57.1%	0	21.4%	7.1%	14.3%
总计	47.7%	5.6%	35.5%	2.8%	8.4%

如表 2-3-7 所示，泉州市用标企业数量高出福建省平均水平（256.9家），位于福建省中上游，在福建省各地级市中排名第 3 位。排名前两位的分别为南平市（1247 家）、宁德市（537 家）。

表 2-3-7　福建省各地级市用标企业数量

地区	用标企业数量（家）	排名
南平	1247	1
宁德	537	2
泉州	347	3
三明	79	4
福州	59	5
莆田	28	6
漳州	10	7
龙岩	5	8
厦门	0	9

如表 2-3-8 所示，地理标志产品生产者使用专用标志覆盖率（以下简称用标覆盖率）是指获保护的地理标志产品中目前有企业核准使用地理标志专用标志的产品数量占比，反映了地理标志产品被有效利用的程度。泉州市的 12 个地理标志中 8 个产品有用标企业，用标覆盖率达 66.7%，排在福建省第 3 位，前两位分别为南平市（90.0%）和三明市（70.8%）。

表 2-3-8 福建省各地级市用标覆盖率

地区	用标覆盖率
南平	90.0%
三明	70.8%
泉州	66.7%
福州	60.0%
莆田	50.0%
宁德	33.3%
龙岩	33.3%
漳州	28.6%
厦门	0

第三章　泉州市创新发展质量指数

PNID 指数是客观反映城市创新发展质量的综合变动程度及变动趋势的相对数，数值越高在一定程度上反映了城市创新发展质量水平越好，而创新发展质量是相对概念，强调区域的横向比较。本章在全国范围内选择深圳、杭州、广州、武汉、合肥、苏州、长沙、济南、南京、东莞、西安、青岛、无锡、成都、厦门、宁波、佛山、南通、温州、福州、郑州、宁德等 22 个城市与泉州市进行对标分析（泉州市和 22 个对标城市以下简称"C23 城市"），定位泉州市创新发展质量在全国的实力。

第一节　创新发展质量指数概览

如表 3-1-1 所示，从 PNID 指数整体测算来看，泉州市 2023 年 PNID 指数为 22.9，在 C23 城市中排名第 22 位，较 2022 年排名下降 1 位。从 PNID 指数的二级指数来看，泉州市 2023 年创新发展竞争力指数为 40.9，排名第 22 位，创新发展匹配度指数为 56.0，排名第 12 位。泉州市 2022 年 PNID 指数排名第 21 位，二级指数中创新发展竞争力指数排名第 22 位，创新发展匹配度指数排名第 11 位。从 2022 年和 2023 年指数变化趋势来看，泉州市 2023 年 PNID 指数、创新发展竞争力指数、创新发展匹配度指数均出现下降，分别下降 1.4、0.9、2.0。

从 C23 城市 PNID 指数变化情况来看，共有 20 个城市排名发生变化，其中 10 个城市排名呈上升状况，西安市由 2022 年的第 14 位上升至 2023 年的第 10 位，南京市由 2022 年的第 7 位上升至 2023 年的第 5 位，宁波市由 2022 年的第 15 位上升至 2023 年的第 13 位，郑州市由 2022 年的第 22 位上升到 2023

年的第 20 位，武汉市、杭州市、成都市、长沙市、厦门市、南通市则均上升 1 位。从 PNID 指数数值变化来看，南京市增长幅度最大，为 1.2。

表 3-1-1　2023 年和 2022 年 C23 城市 PNID 指数和二级指数排名

地区	创新发展质量指数		创新发展质量指数排名		创新发展竞争力指数排名		创新发展匹配度指数排名	
	2023 年	2022 年	2023 年	2022 年	2023 年	2022 年	2023 年	2022 年
深圳	49.9	50.1	1	1	1	1	3	4
武汉	40.8	41.6	2	3	5	5	2	1
杭州	39.4	40.0	3	4	3	3	6	7
广州	39.1	41.9	4	2	2	2	7	5
南京	37.9	36.7	5	7	12	15	4	3
苏州	37.1	38.8	6	5	4	4	10	9
成都	36.7	36.0	7	8	16	16	1	2
长沙	36.1	35.4	8	9	10	8	5	10
合肥	35.5	37.0	9	6	9	10	8	6
西安	34.2	33.2	10	14	6	7	11	17
济南	33.8	35.4	11	10	13	13	9	8
无锡	33.3	35.2	12	11	7	6	15	12
宁波	33.2	32.4	13	15	8	14	14	14
青岛	32.1	34.2	14	12	14	9	13	13
厦门	30.1	29.9	15	16	15	17	17	18
东莞	29.6	33.2	16	13	17	11	16	15
佛山	29.6	29.0	17	17	11	12	22	22
南通	26.3	25.3	18	19	18	18	21	21
福州	24.0	25.6	19	18	19	19	20	19
郑州	23.8	23.3	20	22	21	21	18	16
温州	23.4	24.7	21	20	20	20	19	20
泉州	22.9	24.3	22	21	22	22	12	11
宁德	14.7	14.7	23	23	23	23	23	23

从 PNID 指数排名下降的 10 个城市来看，合肥市、东莞市均下降 3 位，广州市、青岛市均下降 2 位，苏州市、济南市、无锡市、福州市、温州市、泉州市则均下降 1 位。从 PNID 指数数值变化来看，广州市、无锡市、青岛市、东

第三章 泉州市创新发展质量指数

莞市均出现大幅度下降。

以高质量创新引领高质量发展，通过数据拟合算法发现，地区生产总值与 PNID 指数线性正向相关，城市 PNID 指数越高，通常创新发展质量越好，相应的城市地区生产总值也越高，科技创新与经济之间存在一定关联。

泉州市 2023 年地区生产总值为 12172.33 亿元，在 C23 城市中排名第 17 位，PNID 指数在 C23 城市中排名第 22 位。从数据拟合结果来看，如图 3－1－1 所示，泉州市 PNID 指数排名处于下游水平，不及地区生产总值排名。杭州市、宁波市、无锡市、青岛市、佛山市、南通市、温州市、宁德市等城市的地区生产总值发展与创新发展水平处于基本匹配状态，深圳市、广州市、苏州市、成都市、福州市、郑州市等城市地区生产总值发展优于创新发展水平，而武汉市、南京市、长沙市、合肥市、济南市、西安市、厦门市、东莞市等城市的创新发展水平则优于地区生产总值发展。

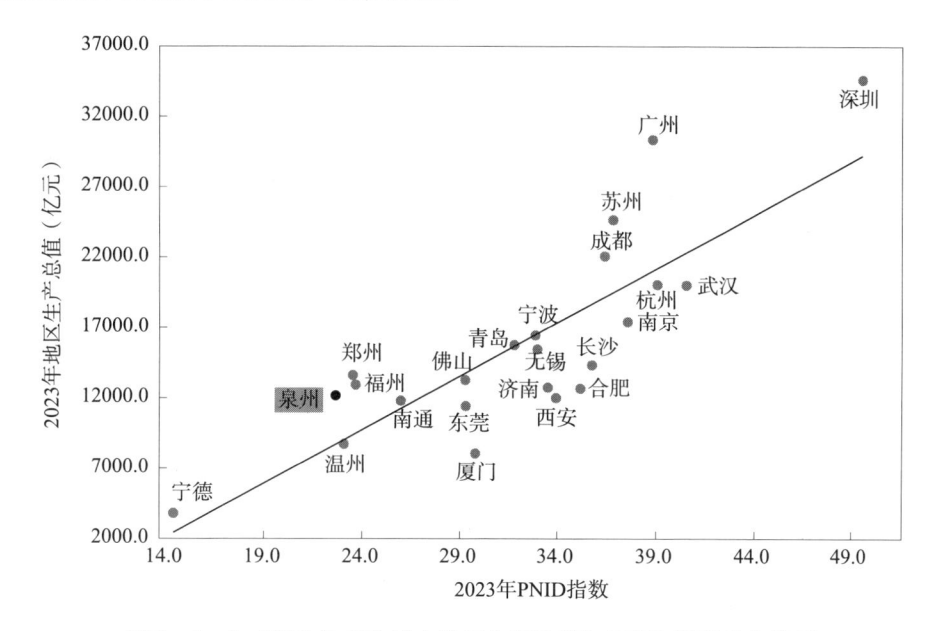

图 3－1－1　2023 年 C23 城市地区生产总值与 PNID 指数分布关系

在 C23 城市中，创新表现较为突出的是西安市，其 2023 年地区生产总值排名第 18 位，但 PNID 指数排名第 10 位，其次是南通市、东莞市、厦门市、温州市，虽然它们的经济体量均在泉州市之后，但创新发展水平均优于泉州市。

从 2022—2023 年 C23 城市的 PNID 指数变化和地区生产总值变化来看，如

图 3-1-2 所示，泉州市与厦门市、长沙市、宁德市地区生产总值发展变化情况较为相近，但泉州市创新发展增速为负值，远不及全市经济发展的速度，而深圳市虽然地区生产总值和 PNID 指数高度匹配，且均处于 C23 城市的领先位置，但其经济增长远高于创新发展增速，西安市、南京市等城市则处于创新引领全市发展的阶段，而广州市、武汉市、杭州市则呈现地区生产总值快速发展，但创新质量略有下降的状况。

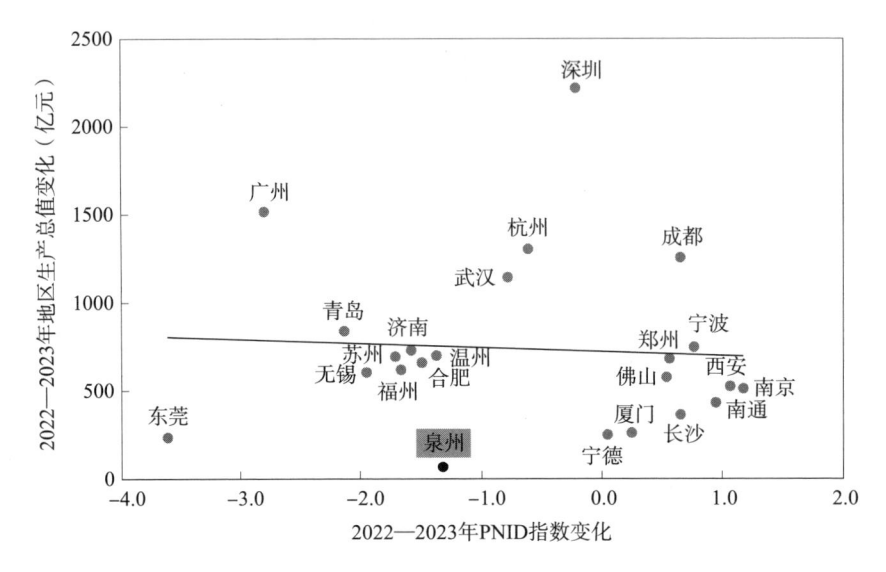

图 3-1-2　2022—2023 年 C23 城市地区生产总值与 PNID 指数变化情况

将泉州市和对标城市的创新发展竞争力指数与创新发展匹配度指数进行四象限分析（波士顿矩阵），呈现 4 种不同性质的创新质量分布类型（见图 3-1-3）：C23 城市中，深圳市、武汉市、杭州市、广州市、苏州市、合肥市、南京市、长沙市、济南市 9 个城市位于第一象限，创新发展竞争力指数与创新发展匹配度指数均高于 C23 城市平均水平；西安市、无锡市、青岛市、宁波市、佛山市 5 个城市位于第二象限，创新发展竞争力指数高于 C23 城市平均水平，但创新发展匹配度指数低于 C23 城市平均水平；厦门市、东莞市、南通市、福州市、郑州市、泉州市、温州市、宁德市 8 个城市位于第三象限，创新发展竞争力指数和创新发展匹配度指数均低于 C23 城市平均水平；仅成都市 1 个城市位于第四象限，表现出创新发展匹配度指数高于 C23 城市平均水平，但创新发展竞争力指数低于 C23 城市平均水平。

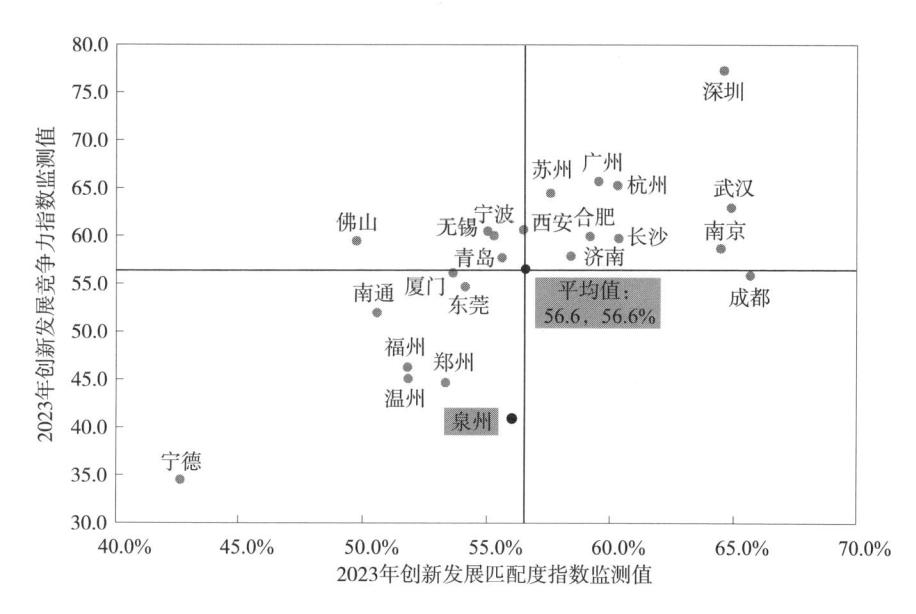

图 3-1-3　C23 城市创新发展竞争力指数与创新发展匹配度指数四象限分析

第二节　创新发展竞争力指数分析

城市的发展是不断构筑竞争优势、发挥优势的过程，创新发展竞争力分析以创新数据为基础，分析城市在发展过程中的竞争优劣势，考察维度主要包括创新产出、创新要素和创新效益情况。如图 3-2-1 所示，2023 年，泉州市创新发展竞争力指数为 40.9，在 C23 城市中排名第 22 位，与 2022 年相比，泉州市创新发展竞争力指数出现下降，但排名未发生变化。C23 头部城市深圳市两年的创新发展竞争力指数均在 70 以上，遥遥领先于其余城市，广州市、杭州市、苏州市、武汉市、西安市、无锡市两年的创新发展竞争力指数均高于 60，创新优势显著。从两年的变化来看，C23 城市中有 7 个城市的创新发展竞争力指数有所增长，郑州市、宁波市、厦门市增长幅度居前 3 位；16 个城市的创新发展竞争力指数有所下降，东莞市、青岛市、福州市下降幅度相对较大。

从创新发展竞争力的三级指数来看，泉州市 2023 年创新要素集聚指数为 43.0，创新产出指数为 41.0，创新效益指数为 38.9，如表 3-2-1 所示。泉州市创新发展竞争力三级指数中,创新要素集聚指数排名第 23 位,创新产出指数排名第 22 位,创新效益指数排名第 20 位,高于郑州市、宁德市、福州市。与 2022 年各指数相比,泉州市 2023 年创新要素集聚指数、创新产出指数、创新效益指数排名位次均不变,但数值均发生变化,其中创新产出指数、创新效益指数数值分别上升 0.9、2.5,创新要素集聚指数数值下降 6.1,这是泉州市 2023 年创新发展竞争力指数数值下降的主要原因。

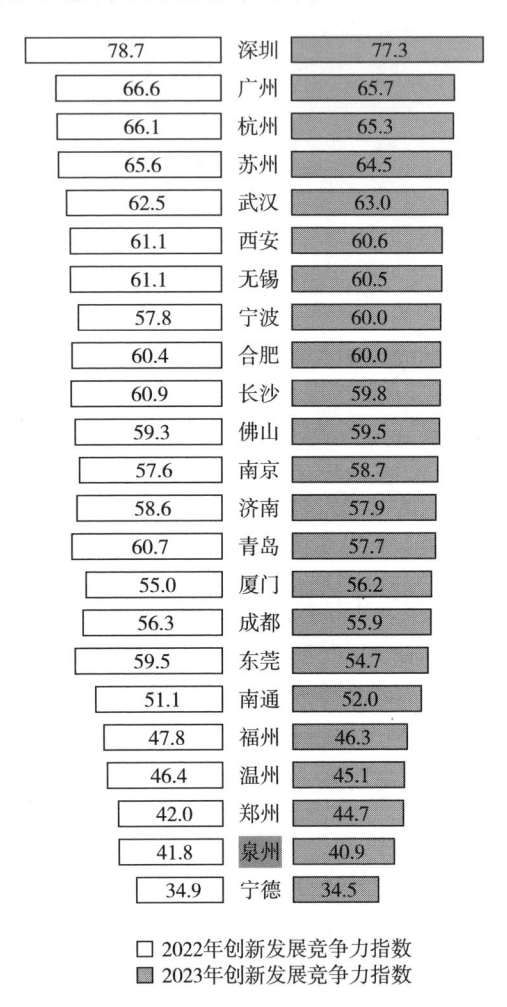

城市	2022年创新发展竞争力指数	2023年创新发展竞争力指数
深圳	78.7	77.3
广州	66.6	65.7
杭州	66.1	65.3
苏州	65.6	64.5
武汉	62.5	63.0
西安	61.1	60.6
无锡	61.1	60.5
宁波	57.8	60.0
合肥	60.4	60.0
长沙	60.9	59.8
佛山	59.3	59.5
南京	57.6	58.7
济南	58.6	57.9
青岛	60.7	57.7
厦门	55.0	56.2
成都	56.3	55.9
东莞	59.5	54.7
南通	51.1	52.0
福州	47.8	46.3
温州	46.4	45.1
郑州	42.0	44.7
泉州	41.8	40.9
宁德	34.9	34.5

图 3-2-1 C23 城市 2023 年和 2022 年创新发展竞争力指数

表 3-2-1　2023 年和 2022 年 PNID 指数创新发展竞争力三级指数分布

城市	2023 年			2022 年		
	创新要素集聚指数	创新产出指数	创新效益指数	创新要素集聚指数	创新产出指数	创新效益指数
深圳	65.0	86.1	80.9	67.8	86.7	81.6
广州	62.3	66.5	68.5	67.7	67.7	64.2
杭州	62.8	69.4	63.7	66.9	70.0	61.4
苏州	54.9	67.9	70.6	57.9	68.2	70.8
武汉	68.6	63.0	57.2	69.2	60.5	57.7
西安	68.6	59.7	53.7	64.4	64.4	54.3
无锡	59.9	70.0	51.6	57.9	71.7	53.7
宁波	68.8	59.5	51.8	64.5	58.0	51.0
合肥	69.1	56.5	54.3	69.2	57.1	55.0
长沙	65.2	60.3	53.8	65.6	60.8	56.3
佛山	65.9	53.5	59.0	63.2	56.4	58.2
南京	62.6	69.6	44.0	59.9	67.5	45.4
济南	63.4	59.9	50.5	64.8	62.3	48.8
青岛	56.9	59.4	56.9	65.3	58.6	58.3
厦门	59.2	58.8	50.4	55.8	59.3	49.9
成都	73.0	54.6	40.1	69.1	60.2	39.6
东莞	51.6	56.2	56.4	58.8	60.5	59.2
南通	56.6	55.5	43.8	52.1	53.9	47.4
福州	66.8	47.9	24.1	69.3	49.3	24.9
温州	45.1	41.8	48.3	50.3	40.4	48.7
郑州	62.0	42.5	29.6	56.0	41.3	28.8
泉州	43.0	41.0	38.9	49.1	40.1	36.4
宁德	52.2	22.1	29.3	51.0	24.3	29.6

第三节　创新发展匹配度指数分析

创新发展匹配度是指城市创新发展过程中科技投入与创新产出的匹配关系，考察维度主要包括专利与科技匹配度、专利与企业匹配度及专利与产业匹配度情况。如图 3-3-1 所示,2023 年,泉州市创新发展匹配度指数为 56.0%,在 C23 城市中排名第 12 位,处于中游位置。C23 城市中创新发展匹配度指数排名前两位的城市分别为成都市、武汉市,两年创新发展匹配度指数均高于 60%,排名也均居前两位;同时,深圳市、南京市、杭州市这两年的创新发展匹配度指数也均高于 60%。从两年变化来看,C23 城市中成都市、深圳市、南京市、长沙市、西安市、南通市、佛山市、宁德市 8 个城市的创新发展匹配度指数均有所增长,其中成都市、深圳市、南京市增长优势显著。

城市	2022年	2023年
成都	64.0%	65.6%
武汉	66.7%	64.9%
深圳	63.7%	64.6%
南京	63.7%	64.5%
长沙	58.2%	60.3%
杭州	60.5%	60.3%
广州	63.0%	59.5%
合肥	61.2%	59.2%
济南	60.4%	58.4%
苏州	59.2%	57.6%
西安	54.4%	56.5%
泉州	58.0%	56.0%
青岛	56.4%	55.6%
宁波	56.0%	55.3%
无锡	57.7%	55.0%
东莞	55.8%	54.1%
厦门	54.3%	53.6%
郑州	55.3%	53.3%
温州	53.3%	51.8%
福州	53.6%	51.8%
南通	49.5%	50.6%
佛山	49.0%	49.7%
宁德	42.0%	42.6%

□ 2022年创新发展匹配度指数
■ 2023年创新发展匹配度指数

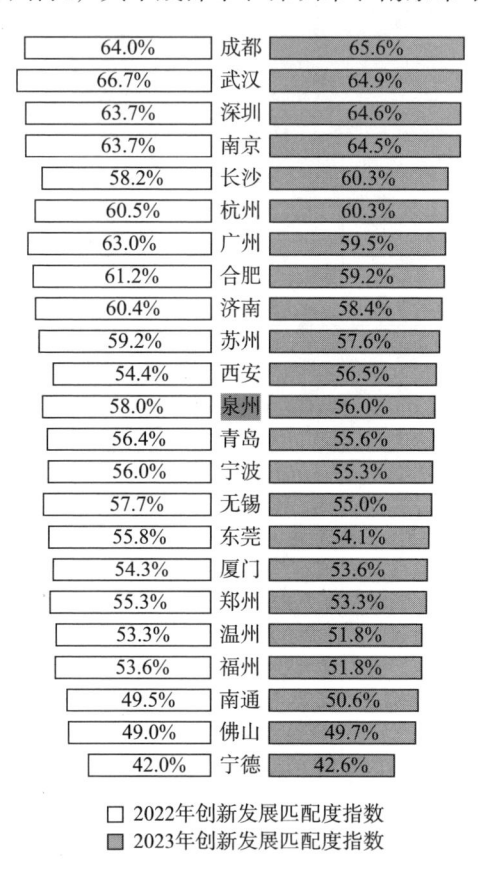

图 3-3-1　C23 城市 2023 年和 2022 年创新发展匹配度指数

从创新发展匹配度的三级指数来看,泉州市 2023 年科技匹配度指数为 69.2%,企业匹配度指数为 45.2%,产业匹配度指数为 49.2%,如表 3-3-1 所示。泉州市创新发展匹配度三级指数中,科技匹配度指数排名第 3 位,处于上游水平;企业匹配度指数排名第 22 位;产业匹配度指数排名第 19 位,高于宁波市、温州市、佛山市、宁德市。与2022年各指数相比，泉州市2023年科技匹配度指数呈现增长状况，排名也较2022年上升2位；企业匹配度指数出现下降，排名较2022年下降8位；产业匹配度指数排名位次不变。

表3-3-1 2023年和2022年PNID指数创新发展匹配度三级指数分布

城市	2023年			2022年		
	科技匹配度指数	企业匹配度指数	产业匹配度指数	科技匹配度指数	企业匹配度指数	产业匹配度指数
成都	69.4%	58.2%	68.1%	69.8%	51.3%	69.1%
武汉	65.3%	52.9%	76.2%	66.3%	53.8%	80.0%
深圳	59.3%	61.2%	75.1%	55.6%	62.4%	75.7%
南京	71.4%	44.0%	75.7%	70.7%	43.1%	75.0%
长沙	62.4%	48.3%	69.7%	58.2%	50.5%	65.8%
杭州	60.9%	51.9%	67.9%	61.1%	52.6%	67.8%
广州	64.3%	49.0%	63.7%	70.2%	51.4%	65.0%
合肥	64.3%	49.2%	62.3%	69.9%	47.7%	62.9%
济南	63.9%	49.6%	59.9%	67.1%	49.3%	62.5%
苏州	60.6%	54.3%	56.8%	59.7%	56.3%	61.4%
西安	50.8%	46.6%	73.9%	49.7%	43.3%	71.6%
泉州	69.2%	45.2%	49.2%	68.6%	50.6%	51.2%
青岛	61.6%	47.0%	56.2%	65.4%	46.6%	54.1%
宁波	60.6%	54.8%	48.6%	60.2%	57.6%	48.9%
无锡	58.5%	52.8%	52.6%	61.2%	57.5%	53.2%
东莞	52.4%	55.9%	54.6%	57.2%	54.2%	55.5%
厦门	52.2%	50.8%	58.3%	54.6%	51.5%	56.7%
郑州	51.1%	48.4%	61.2%	57.4%	46.8%	61.1%
温州	58.4%	47.1%	47.7%	60.6%	50.4%	46.3%
福州	52.8%	47.0%	55.2%	53.9%	47.8%	59.0%
南通	44.2%	54.3%	55.2%	44.3%	52.4%	53.7%
佛山	50.8%	57.7%	40.3%	45.1%	60.9%	42.2%
宁德	36.9%	57.5%	35.4%	34.6%	62.5%	31.2%

第四章　泉州市创新发展竞争力

为综合掌握泉州创新发展竞争力在城市中的定位，本章将重点分析泉州市在 C23 城市（泉州、深圳、广州、苏州、成都、武汉、杭州、南京、宁波、青岛、无锡、长沙、郑州、佛山、福州、济南、合肥、西安、南通、东莞、宁德、温州、厦门）的创新产出数量和质量、创新要素集聚、创新产出效益中的位置，更加全面掌握泉州市与同等级城市相比在创新竞争力方面的优势和劣势。

第一节　创新产出状况

一、专利产出状况

（一）发明专利拥有量

如表 4-1-1 所示，截至 2023 年底，泉州市发明专利拥有量为 19910 件，较 2022 年增长 5715 件，同比增长 40.3%；较 2021 年（11867 件）增长 8043 件，3 年年均增速为 29.5%。2023 年在发明专利拥有量 C23 城市中，合肥市、济南市、郑州市和温州市较上一年位次均上升了 1 位，东莞市、宁波市、南通市和福州市下降了 1 位，其余城市位次不变。

表 4-1-1　截至 2023 年底和截至 2022 年底发明专利拥有量及排名情况

城市	发明专利拥有量（件）		C23 城市排名	
	2023 年	2022 年	2023 年	2022 年
深圳	306468	244520	1	1
杭州	153112	122504	2	2

续表

城市	发明专利拥有量（件）		C23 城市排名	
	2023 年	2022 年	2023 年	2022 年
广州	148375	116133	3	3
南京	139671	113280	4	4
苏州	127254	104671	5	5
武汉	115816	94470	6	6
成都	102361	77614	7	7
西安	94279	75008	8	8
青岛	75628	59596	9	9
合肥	68285	54100	10	11
东莞	66309	58004	11	10
长沙	65552	53463	12	12
济南	59348	45275	13	14
宁波	57475	46899	14	13
无锡	57271	44886	15	15
佛山	53398	42268	16	16
郑州	36963	30379	17	18
南通	34344	37934	18	17
温州	32817	24611	19	20
福州	30144	24896	20	19
厦门	28052	23835	21	21
泉州	19910	14195	22	22
宁德	4104	2979	23	23

（二）每万人发明专利拥有量

每万人发明专利拥有量是指每万人拥有经知识产权行政部门授权且在有效期内的发明专利件数，是国际上通用的衡量一个地区科研产出质量和市场应用水平的综合指标。该指标被纳入《中华人民共和国国民经济和社会发展第十三个五年规划纲要》。

如表 4-1-2 所示，截至 2023 年底，泉州市每万人发明专利拥有量为 22.7 件/万人，较截至 2022 年底高 6.5 件/万人。相较于 2021 年底（13.5 件/万人），泉州市每万人发明专利拥有量增长 9.2 件，3 年年均增速为 29.7%，增速在 C23 城市中排名第 2 位，仅低于宁德市。

表 4-1-2 每万人发明专利拥有量和增速及排名情况

城市	每万人发明专利拥有量（件/万人）		C23 城市排名		2021—2023 年每万人发明专利拥有量年均增速（%）	C23 城市排名
	2023 年	2022 年	2023 年	2022 年		
深圳	173.3	138.3	1	1	24.2	11
南京	148.2	120.2	2	2	24.6	9
杭州	125.5	100.4	3	3	25.6	8
苏州	99.1	81.5	4	4	21.2	18
武汉	84.8	69.2	5	5	19.3	20
广州	78.8	61.7	6	6	25.9	6
无锡	76.6	60.0	7	7	23.9	13
青岛	73.7	58.1	8	9	25.6	7
西安	73.3	58.3	9	8	24.6	10
合肥	72.2	57.2	10	10	26.0	5
长沙	64.0	52.2	11	12	22.9	15
济南	63.6	48.5	12	15	29.0	3
东莞	62.9	55.0	13	11	16.8	22
宁波	60.2	49.1	14	13	21.6	17
佛山	55.6	44.0	15	17	23.7	14
厦门	53.1	45.1	16	16	18.7	21
成都	48.3	36.6	17	18	28.4	4
南通	44.5	49.1	18	13	3.0	23
温州	39.5	29.6	19	19	23.9	12
福州	35.8	29.6	20	19	20.0	19
郑州	29.0	23.8	21	21	22.5	16
泉州	22.7	16.2	22	22	29.7	2
宁德	11.6	8.4	23	23	32.4	1

（三）维持 10 年以上有效发明专利

专利维持费用随着维持年限的延长而增加，是否长时间维持专利取决于专利带来的预期收益与专利维持成本之间的权衡结果，通常专利权人主要为技术水平和经济价值较高的专利长久支付维持费用。专利权人维持专利的愿望越强烈，意味着专利的价值越高。长时间维持（尤其是维持 10 年以上）的有效发明专利占比反映了城市所拥有的高质量专利水平。

截至 2023 年底，泉州市维持 10 年以上有效发明专利量为 1897 件，较 2022 年同比增长 71.4%，2021—2023 年维持 10 年以上有效发明专利量年均增速为 54.1%。

如图 4-1-1 所示，截至 2023 年底，泉州市拥有维持 10 年以上有效发明专利量的前 10 位专利权人中仅有 1 家高校上榜，其余均为企业，其中华侨大学以 135 件维持 10 年以上有效发明专利居首位，其次是福建晋江浔兴拉链科技有限公司（94 件）、茂泰（福建）鞋材有限公司（57 件），其余专利权人拥有维持 10 年以上有效发明专利数量均不足 50 件。

专利权人	数量（件）
华侨大学	135
福建晋江浔兴拉链科技有限公司	94
茂泰（福建）鞋材有限公司	57
福建百宏聚纤科技实业有限公司	31
九牧厨卫股份有限公司	30
福建南方路面机械股份有限公司	29
福建鑫华股份有限公司	22
安踏（中国）有限公司	18
福建鸿星尔克体育用品有限公司	14
福建恒安卫生材料有限公司	9

图 4-1-1 截至 2023 年底泉州维持 10 年以上发明专利前 10 位专利权人（单位：件）

如表 4-1-3 所示，截至 2023 年底，泉州市维持 10 年以上有效发明专利数量连续两年在 C23 城市中排名第 22 位。从维持 10 年以上有效发明专利占本地区全部有效发明专利总量的比重来看，截至 2023 年底，泉州市该比重为 9.5%，较截至 2022 年底增长 1.7 个百分点，在 C23 城市中排名第 22 位，较上年下降 1 位。

表4-1-3 维持10年以上有效发明专利数量和占比及排名情况

城市	维持10年以上有效发明专利数量（件）		C23城市排名		维持10年以上有效发明专利占比（%）		C23城市排名	
	2023年	2022年	2023年	2022年	2023年	2022年	2023年	2022年
深圳	72349	55312	1	1	23.6	22.6	1	1
苏州	23471	17304	2	2	18.4	16.5	3	4
杭州	21824	14980	3	3	14.3	12.2	6	6
广州	17120	12102	4	4	11.5	10.4	14	10
南京	16736	10967	5	5	12.0	9.7	11	15
无锡	12565	8639	6	6	21.9	19.2	2	2
成都	11778	7982	7	7	11.5	10.3	14	11
武汉	11570	7926	8	8	10.0	8.4	19	19
西安	11353	7108	9	9	12.0	9.5	11	17
青岛	10187	5988	10	13	13.5	10.0	9	13
宁波	9439	5700	11	14	16.4	12.2	4	6
长沙	9273	6370	12	11	14.1	11.9	7	8
济南	7210	4447	13	15	12.1	9.8	10	14
合肥	6748	3923	14	17	9.9	7.3	20	22
东莞	6694	5998	15	12	10.1	10.3	18	11
佛山	5906	4083	16	16	11.1	9.7	16	15
福州	4237	2870	17	19	14.1	11.5	7	9
厦门	4101	3212	18	18	14.6	13.5	5	5
南通	4086	6849	19	10	11.9	18.1	13	3
郑州	3652	2685	20	20	9.9	8.8	20	18
温州	3348	1777	21	21	10.2	7.2	17	23
泉州	1897	1107	22	22	9.5	7.8	22	21
宁德	326	237	23	23	7.9	8.0	23	20

（四）高被引专利

高被引专利是指将统计时间内所有发明专利按照被引次数排序（不含被引次数为0的专利），排名为前1%的专利。高被引专利在被引用过程中，能够对后续技术创新产生深远广泛的溢出效应，能够为后续技术创新奠定坚实的技术基础。现有研究表明，涉及重大创新或重大技术进步的专利，通常具有相对较高的被引用次数，高被引专利通常是代表重大发明创造的专利，是具有高度影响力的核心专利。高被引专利是目前国际通用的评估重要技术或关键核心技术表现的量化手段。

截至2023年底，泉州市拥有95件高被引专利，高被引专利拥有量前2位的专利权人为华侨大学和福建兰峰制革有限公司，其高被引专利拥有量分别为7件和2件。从产业分布来看，如表4-1-4所示，泉州市高被引发明专利主要集中在新能源产业（5件），其次是新材料产业、高端装备制造产业和新一代信息技术产业，3个产业均拥有2件高被引发明专利。

表4-1-4 泉州市高被引发明专利产业分布情况（截至2023年底）

战新产业	高被引发明专利拥有量（件）
新能源产业	5
新材料产业	2
高端装备制造产业	2
新一代信息技术产业	2

如表4-1-5所示，泉州市2023年高被引专利数量较2022年增长37件，同比增长63.8%；较2021年（35件）增加60件，三年年均增速为64.8%，年均增速在C23城市中排名第1位。从高被引专利占该城市全部专利量的比重来看，泉州市2023年占比为0.5%，较2022年增长0.1个百分点，同时高被引专利占比在C23城市中均排名第19位，较2022年上升3个位次。

表4-1-5 高被引专利数量和年均增速排名情况

城市	高被引专利数量（件）		高被引专利占比（%）		C23城市排名		2021—2023年高被引专利年均增速（%）	C23城市排名
	2023年	2022年	2023年	2022年	2023年	2022年		
深圳	2920	2359	1.0	1.0	1	1	39.8	7
杭州	1204	967	0.8	0.8	2	3	37.8	9
南京	1036	833	0.7	0.7	3	7	36.5	11
广州	1032	851	0.7	0.7	3	7	36.5	11
武汉	800	611	0.7	0.6	3	14	38.2	8

续表

城市	高被引专利数量（件）		高被引专利占比（%）		C23城市排名		2021—2023年高被引专利年均增速（%）	C23城市排名
	2023年	2022年	2023年	2022年	2023年	2022年		
苏州	763	754	0.6	0.7	12	7	24.7	20
成都	593	483	0.6	0.6	12	14	32.3	16
西安	561	428	0.6	0.6	12	14	40.3	6
青岛	534	459	0.7	0.8	3	3	37.4	10
长沙	464	381	0.7	0.7	3	7	30.9	17
东莞	451	542	0.7	0.9	3	2	18.3	21
济南	431	345	0.7	0.8	3	3	35.1	13
宁波	416	347	0.7	0.7	3	7	33.6	14
合肥	403	317	0.6	0.6	12	14	44.5	3
无锡	369	312	0.6	0.7	12	7	40.5	5
佛山	339	298	0.6	0.7	12	7	33.6	14
厦门	210	179	0.7	0.8	3	3	27.1	18
郑州	176	165	0.5	0.5	19	19	25.4	19
福州	173	134	0.6	0.5	12	19	42.7	4
温州	125	89	0.4	0.4	21	22	52.1	2
南通	102	211	0.3	0.6	23	14	−14.3	23
泉州	95	58	0.5	0.4	19	22	64.8	1
宁德	16	16	0.4	0.5	21	19	15.5	22

（五）中国专利奖专利

中国专利奖是由中国国家知识产权局和世界知识产权组织共同主办的，是中国唯一的专门对授予专利权的发明创造给予奖励的政府部门奖，得到联合国世界知识产权组织（WIPO）的认可。中国专利奖重在强化知识产权创造、保护、运用，推动经济高质量发展，鼓励和表彰为技术（设计）创新及经济社会发展作出突出贡献的专利权人和发明人（设计人）。

如图4-1-2所示，截至第24届中国专利奖，泉州共有29件专利获得中国专利奖，主要集中在第14~24届，其中第22届共有6件专利获得中国专利奖，其次是第23届（5件），第20届和第24届均有4件专利获得专利奖。从所获奖项来看，以中国专利优秀奖为主，29 件专利中 23 件均获得中国专利优秀奖，5 件专利获得中国外观设计优秀奖，1 件专利获得中国外观设计银奖。

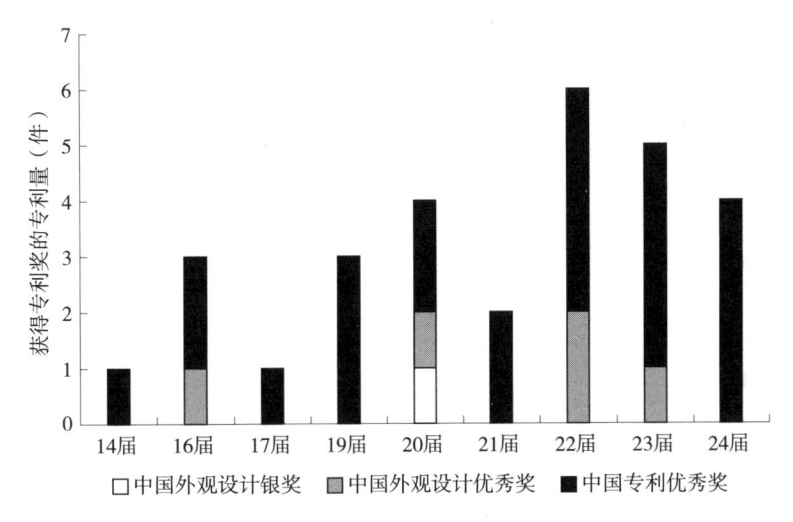

图 4－1－2　截至第 24 届泉州获中国专利奖的专利量

如表 4－1－6 所示，截至 2023 年底，泉州市发明专利中获得中国专利奖的专利量为 22 件，较 2022 年增加 4 件，在 C23 城市中排名没有变化。

表 4－1－6　获得中国专利奖的发明专利量及排名情况

地区	发明专利中获得中国专利奖的数量（件）		C23 城市排名	
	2023 年	2022 年	2023 年	2022 年
深圳	496	425	1	1
广州	410	341	2	2
佛山	230	202	3	3
南京	197	172	4	4
苏州	183	155	5	7
杭州	181	166	6	5
武汉	178	157	7	6
长沙	154	139	8	8
西安	139	118	9	9
青岛	129	114	10	10
成都	100	90	11	11

续表

地区	发明专利中获得中国专利奖的数量（件）		C23 城市排名	
	2023 年	2022 年	2023 年	2022 年
合肥	86	71	12	13
济南	84	80	13	12
东莞	83	61	14	15
无锡	78	66	15	14
郑州	62	55	16	16
南通	61	50	17	17
厦门	56	48	18	18
宁波	52	45	19	19
福州	35	29	20	20
温州	31	27	21	21
泉州	22	18	22	22
宁德	6	4	23	23

（六）万人高价值发明专利拥有量

《中华人民共和国国民经济和社会发展第十四个五年规划和2035年远景目标纲要》中，每万人高价值发明专利拥有量被纳为"十四五"时期经济社会发展主要指标的创新驱动预期性指标，是推动经济社会高质量发展的重要支撑，是创新主体和市场主体注重专利质量和效益、聚焦核心关键技术领域、专利转化运用和海外布局能力的直接体现。我国明确将以下5种情况的有效发明专利纳入高价值发明专利拥有量统计范围：战略性新兴产业的发明专利、在海外有同族专利权的发明专利、维持年限超过10年的发明专利、实现较高质押融资金额的发明专利、获得国家科学技术奖或中国专利奖的发明专利。

截至2023年底，泉州高价值发明专利拥有量为4815件，较2022年同比增长21.9%。2021—2023年泉州高价值发明专利拥有量年均增速为18.5%。从高价值发明专利拥有量的5个维度来看，如图4-1-3所示，截至2023年底，泉州市战略性新兴产业发明专利拥有量为2864件，占泉州市有效发明专利量的14.4%；实现较高质押融资金额的发明专利拥有量为1317件，占比泉州市有效发明专利量的 6.6%；维持 10 年以上发明专利拥有量为 1066 件，占泉州市有效发明专利量的 5.4%，拥有海外同族专利权的有效发明专利为 209 件，占泉州市有效发明专利量的 1.0%；获得中国专利奖的发明专利拥有量为 26 件，占泉州市有效发明专利量的 0.1%。

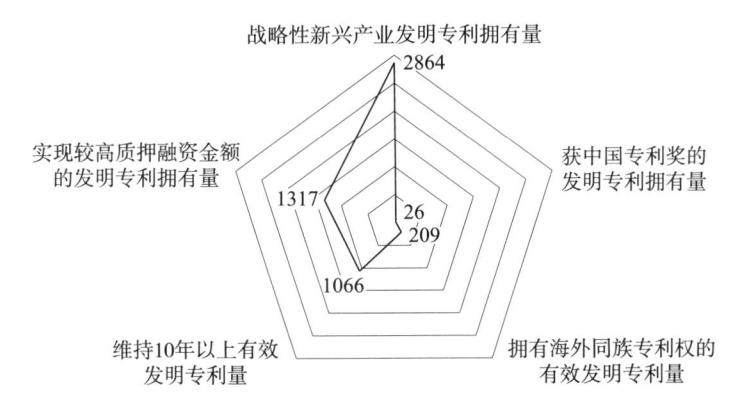

图 4-1-3 截至 2023 年泉州高价值发明专利拥有量指标分布情况（件）

如表 4-1-7 所示，截至 2023 年底，泉州市拥有高价值发明专利数量在 C23 城市中排名第 22 位，仅高于宁德市，较上一年排名情况无变化。其中，每万人高价值发明专利拥有量为 5.5 件，较 2022 年同比增长 22.2%，2021—2023 年 3 年年均增速为 18.8%。

表 4-1-7 高价值发明专利拥有量和每万人高价值发明专利拥有量及排名情况

城市	高价值发明专利拥有量（件）		C23 城市排名		每万人高价值发明专利拥有量（件/万人）		C23 城市排名	
	2023 年	2022 年	2023 年	2022 年	2023 年	2022 年	2023 年	2022 年
深圳	183750	159598	1	1	103.9	90.3	1	1
杭州	68746	56101	2	2	56.3	46.0	3	3
广州	63534	50794	3	3	33.8	27.0	6	7
南京	60233	49672	4	4	63.9	52.7	2	2
苏州	57441	44908	5	5	44.7	35.0	4	4
武汉	49009	40968	6	6	35.9	30.0	5	5
成都	45010	34383	7	7	21.2	16.2	16	16
西安	37773	30418	8	9	29.4	23.6	9	9

续表

城市	高价值发明专利拥有量（件）		C23城市排名		每万人高价值发明专利拥有量（件/万人）		C23城市排名	
	2023年	2022年	2023年	2022年	2023年	2022年	2023年	2022年
东莞	35160	31322	9	8	33.3	29.7	8	6
青岛	26571	21374	10	10	25.9	20.8	12	11
长沙	25821	20784	11	11	25.2	20.3	13	12
无锡	25199	20173	12	12	33.7	27.0	7	7
合肥	25066	19236	13	13	26.5	20.3	10	12
济南	23082	17749	14	14	24.7	19.0	14	14
宁波	19280	15305	15	15	20.2	16.0	17	17
南通	17274	14600	16	16	22.4	18.9	15	15
佛山	15352	12231	17	17	16.0	12.7	18	18
郑州	14016	11386	18	19	11.0	8.9	20	20
厦门	14011	11755	19	18	26.5	22.2	10	10
福州	12387	10650	20	20	14.7	12.7	19	19
温州	8305	6761	21	21	10.0	8.1	21	21
泉州	4815	3949	22	22	5.5	4.5	22	22
宁德	1616	1306	23	23	4.6	3.7	23	23

二、商标产出状况

（一）商标数量

通过表4-1-8中商标申请量、注册量、有效注册量等情况，可分析得知，2023年泉州市商标申请量为105267件，在C23城市中排名第6位，仅次于深圳市、广州市、杭州市、成都市、郑州市，与2022年相比，商标申请量同比下降6.2%，排名下降1位。2023年由于全国商标申请量整体处于下降的状况，C23城市商标申请量均同比下降，按下降速度从小到大排序，泉州市下降速度排名第9位，武汉市、成都市、郑州市下降速度值最小，位居前3位。

表4－1－8 商标申请量、注册量、有效注册量及排名情况

城市	商标申请量（件）		商标注册量（件）		商标有效注册量（件）		商标有效注册量 C23城市排名	
	2023年	2022年	2023年	2022年	2023年	2022年	2023年	2022年
深圳	392352	449041	249696	370044	2702625	2500626	1	1
广州	336888	367723	206991	310356	2329976	2160076	2	2
杭州	205878	213107	126928	177843	1288384	1183264	3	3
成都	149742	153044	84275	124574	939866	876697	4	4
泉州	105267	112190	65262	92327	765467	719146	5	5
郑州	107934	110897	64458	93844	700038	646960	6	7
苏州	97278	108634	62256	91268	697177	657780	7	6
佛山	99956	109394	65853	90119	653985	596813	8	8
温州	66954	69355	42482	64459	605394	581700	9	9
东莞	88203	101447	58086	81310	600626	553686	10	11
厦门	81847	87963	51938	77021	599402	556365	11	10
南京	81069	93092	52042	74265	541621	497031	12	12
长沙	87815	91858	53277	75897	522404	478122	13	13
武汉	88058	88815	47721	70022	509832	472269	14	14
青岛	84152	90392	51617	72325	500258	457675	15	15
宁波	66851	72639	46018	61015	491899	455133	16	16
西安	86212	92078	51022	65503	474549	435441	17	17
济南	67488	73042	42299	60466	421883	386000	18	18
合肥	68131	71497	40854	55069	383893	345401	19	20
福州	55214	60446	35952	50658	376612	347612	20	19
无锡	42691	45491	26951	36543	281571	260472	21	21
南通	34116	40359	22818	34650	215815	197520	22	22
宁德	14483	18144	10711	14590	95967	87355	23	23

2023年，泉州市商标注册量为65262件，在C23城市中排名第6位，仅次于深圳市、广州市、杭州市、成都市、佛山市，与2022年相比，排名位次不变。2023年泉州市商标注册量较2022年同样呈下降趋势，同比下降29.3%，下降速度在C23城市中排名第11位。

截至2023年底，泉州市商标有效注册量为765467件，连续两年在C23城市中排名第5位，仅次于深圳市、广州市、杭州市和成都市。2023年泉州市

商标有效注册量较2022年同比增长6.4%，同比增速在C23城市中排名第21位，仅高于苏州市（6.0%）和温州市（4.1%）。

（二）有效商标维持情况

注册商标每10年需要进行商标续展，以延长其有效期。维持10年以上的商标说明其至少经历过一次续展，是对商标注册人来说价值较高、愿意支付费用和办理续展手续的高价值商标。维持10年以上的有效商标占比反映了城市所拥有的高质量商标水平。

截至2023年底，泉州市维持10年以上的商标有效注册数量为40111件，如图4-1-4所示，占泉州市商标有效注册量的比重为5.2%，高于福建省平均水平（3.8%）1.4个百分点。截至2022年底，泉州市维持10年以上的商标有效注册数量为42079件，占泉州市商标有效注册数量的比重为5.9%，2023年该占比较2022年下降0.7个百分点，但2022年维持10年以上商标有效注册量占比仍然高于福建省平均水平（4.3%）。2021—2023年，泉州市维持10年以上的商标有效注册数量年均增长-2.7%，较福建省平均水平（-2.2%）低0.5个百分点，且泉州市和福建省维持10年以上商标有效注册数量的增速均分别远低于泉州市和福建省全部商标有效注册数量的年均增速。

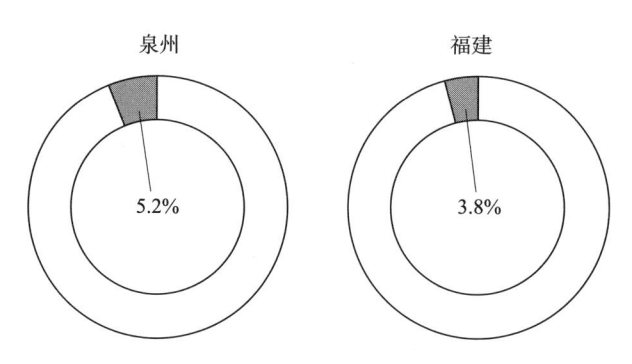

图4-1-4 福建省、泉州市维持10年以上的商标有效注册数量占比（截至2023年底）

如表4-1-9所示，截至2023年底，泉州市维持10年以上的商标有效注册数量为40111件，在C23城市中排名第5位，仅次于广州市、深圳市、温州市和杭州市，排名与2022年持平。泉州市2023年维持10年以上商标有效注册数量占泉州市商标有效注册数量的比重为5.2%，在C23城市中排名第4位，仅次于温州市、无锡市、宁波市，高于广州、深圳和杭州等维持10年以上商标有效注册量超泉州市的城市，泉州市 2023 年占比排名较 2022 年位次不变。

表 4－1－9　维持 10 年以上商标有效注册数量、占比及排名情况

城市	维持10年以上商标有效注册量（件）		维持10年以上商标有效注册量占比（%）		占比在C23城市中排名	
	2023年	2022年	2023年	2022年	2023年	2022年
温州	51734	53889	8.5	9.3	1	1
无锡	21399	22252	7.6	8.5	2	2
宁波	31494	32352	6.4	7.1	3	3
泉州	40111	42079	5.2	5.9	4	4
佛山	33004	34347	5.0	5.8	5	5
南通	8994	9503	4.2	4.8	6	6
苏州	27777	29296	4.0	4.5	7	7
武汉	19056	19617	3.7	4.2	8	8
福州	13742	14320	3.6	4.1	9	9
东莞	21558	22146	3.6	4.0	9	10
青岛	17759	18180	3.5	4.0	11	10
杭州	44982	46157	3.5	3.9	11	12
成都	32007	33281	3.4	3.8	13	13
西安	16057	16408	3.4	3.8	13	13
厦门	19300	19928	3.2	3.6	15	15
长沙	16490	17009	3.2	3.6	15	15
广州	73520	76154	3.2	3.5	15	17
南京	16929	17588	3.1	3.5	18	17
宁德	2947	3082	3.1	3.5	18	17
济南	12135	12546	2.9	3.3	20	20
合肥	9984	10250	2.6	3.0	21	21
郑州	16990	17403	2.4	2.7	22	22
深圳	61974	63649	2.3	2.5	23	23

三、地理标志产出状况

如表 4－1－10 所示，泉州市获保护地理标志产品数量位列对标区域中上

游，在 C23 城市中排名第 8 位，前 7 位分别为成都市（47 个）、宁波市（18 个）、苏州市（18 个）、杭州市（16 个）、福州市（15 个）、宁德市（15 个）、南通市（13 个）。

表 4-1-10 地理标志相关数据及排名情况

城市	地理标志相关数据			C23 城市排名		
	地理标志产品数量（个）	用标企业数量（家）	用标覆盖率（%）	地理标志产品数量	用标企业数量	用标覆盖率
成都	47	387	76.6	1	3	4
苏州	18	634	16.7	2	1	18
宁波	18	9	16.7	2	14	18
杭州	16	284	50.0	4	5	10
福州	15	59	60.0	5	7	6
宁德	15	537	33.3	5	2	17
南通	13	14	38.5	7	11	16
泉州	12	347	66.7	8	4	5
广州	11	19	54.5	9	10	9
西安	10	25	40.0	10	9	15
佛山	9	8	55.6	11	16	8
武汉	8	5	50.0	12	17	10
郑州	8	5	12.5	12	17	20
青岛	7	14	42.9	14	11	14
无锡	7	0	0	14	21	21
长沙	7	116	57.1	14	6	7
南京	4	52	100.0	17	8	1
合肥	3	11	100.0	18	13	1
济南	2	9	50.0	19	14	10
东莞	2	1	50.0	19	19	10
厦门	2	0	0	19	21	21
深圳	1	1	100.0	22	19	1
温州	0	0	0	23	21	21

从用标企业数量来看，泉州市居 C23 城市上游水平，截至 2023 年 7 月，泉州用标企业计 347 家，在 C23 城市中排名第 4 位，排名前 3 位的分别为苏州

市（634家）、宁德市（537家）、成都市（387家）。从用标覆盖率来看，泉州市12个地理标志中8个产品有用标企业，用标覆盖率达66.7%，在C23城市中处于上游，排名第5位，南京市（100.0%）、合肥市（100.0%）、深圳市（100.0%）、成都市（76.6%）位列前4位。整体来看，泉州市用标覆盖率较高。

四、集成电路布图设计产出状况

（一）集成电路布图设计数量

如表4-1-11所示，2023年泉州市共申请了9件集成电路布图设计专利，在C23城市中排名第20位，高于佛山市、温州市和宁德市，数量较2022年（4件）增加5件，排名上升2个位次。而在C23城市中居首位的深圳市2023年则申请了1085件集成电路布图设计，远高于泉州市。

表4-1-11 集成电路布图设计数量及排名情况

城市	集成电路布图设计数量（件）		C23城市排名	
	2023年	2022年	2023年	2022年
深圳	1085	2148	1	1
苏州	387	523	2	4
无锡	318	601	3	2
南京	281	553	4	3
成都	261	511	5	5
合肥	174	261	6	7
广州	158	229	7	8
杭州	156	296	8	6
武汉	124	185	9	9
厦门	78	177	10	10
南通	75	29	11	18
西安	53	167	12	11
长沙	47	61	13	14
济南	47	109	13	12
青岛	37	38	15	16

续表

城市	集成电路布图设计数量（件）		C23 城市排名	
	2023 年	2022 年	2023 年	2022 年
东莞	21	30	16	17
宁波	20	62	17	13
福州	16	44	18	15
郑州	14	28	19	19
泉州	9	4	20	22
佛山	2	28	21	19
温州	2	8	21	21
宁德	0	0	23	23

（二）集成电路布图设计参与企业和设计人员数量

集成电路布图设计参与的企业数量可以反映一个城市新一代信息技术产业相关知识产权保护程度及创新主体对冷门知识产权保护措施的了解程度。

如表 4-1-12 所示，2023 年泉州市集成电路布图设计参与的企业仅有 1 家，在 C23 城市中和佛山市、温州市并列排名第 20 位，排名较 2022 年上升 2 个位次。2023 年泉州市也仅有 1 人参与集成电路布图设计申请，在 C23 城市中排名第 22 位。

表 4-1-12　集成电路布图设计参与企业数量和参与人数量及排名情况

城市	集成电路布图设计参与企业数量（家）		C23 城市排名		集成电路布图设计参与人数（个）		C23 城市排名	
	2023 年	2022 年	2023 年	2022 年	2023 年	2022 年	2023 年	2022 年
深圳	179	630	1	1	646	1153	1	1
苏州	73	172	2	3	190	321	5	3
无锡	64	148	3	4	216	308	4	5
南京	57	195	4	2	234	422	3	2
成都	56	105	5	5	240	317	2	4
杭州	36	92	6	6	106	250	8	6
合肥	29	61	7	8	187	232	6	7
广州	23	60	8	9	134	161	7	8

续表

城市	集成电路布图设计参与企业数量（家）		C23 城市排名		集成电路布图设计参与人数（个）		C23 城市排名	
	2023 年	2022 年	2023 年	2022 年	2023 年	2022 年	2023 年	2022 年
武汉	23	66	8	7	84	158	9	9
青岛	13	22	10	14	34	51	15	15
长沙	12	21	11	15	70	104	11	10
西安	12	34	11	11	73	91	10	11
厦门	12	48	11	10	45	89	14	12
济南	8	25	14	12	51	73	13	14
东莞	7	17	15	17	14	21	19	20
宁波	5	23	16	13	54	77	12	13
南通	4	20	17	16	28	27	16	18
福州	3	11	18	19	26	43	17	16
郑州	2	10	19	20	18	22	18	19
泉州	1	1	20	22	1	1	22	22
佛山	1	13	20	18	11	32	20	17
温州	1	5	20	21	2	5	21	21
宁德	0	0	23	23	0	0	23	23

第二节　创新要素集聚状况

一、发明创造主体集聚状况

（一）研发人员参与发明创造次数

研究与试验发展（R&D）人员指参与研究与试验发展项目研究、管理和辅助工作的人员，也是从事技术创新和发明创造的主要群体。研发人员参与发明创造平均次数将从事研究开发活动的人力规模与从事发明创造的发明人规模相结合，反映了研发人员参与发明创造的活跃程度。

如图4-2-1所示，2023年泉州市公布公告的专利发明人及设计人共86602人次，泉州市2023年研发人员参与发明创造平均次数为1.2次，较2022年下降了0.2次，低于福建省平均水平（1.5次）和全国平均水平（2.3次）[1]。

```
2023年研发人员参与发明
   创造平均次数
  3种专利发明人次         1.2         R&D人员数量
        86602          2023年        70171
        90920          2022年        64422
                        1.4    2022年研发人员参与发明创造平均次数
```

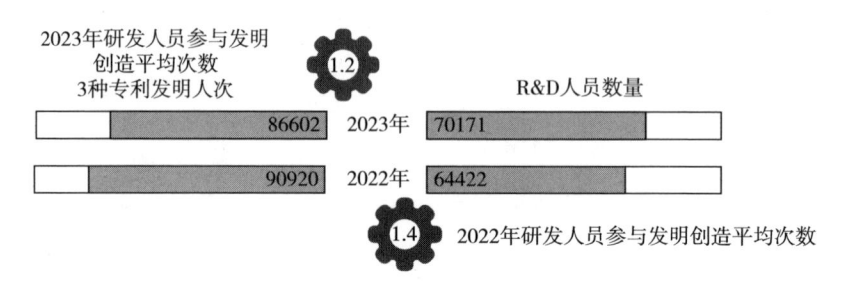

图4-2-1　泉州研发人员参与发明创造情况

如表4-2-1所示，泉州市2023年研发人员参与发明创造平均次数为1.2次，在C23城市中排名第20，较上一年下降1个位次。除此之外，对标城市中宁德市排名提升较为明显，从第20位提升到了第10位，福州市也提升了2位；广州市则下降了4位。

表4-2-1　研发人员参与发明创造平均次数及排名情况

城市	研发人员参与发明创造平均次数（次）		C23城市排名	
	2023年	2022年	2023年	2022年
成都	12.6	15.0	1	1
武汉	6.8	7.5	2	2
合肥	4.8	4.5	3	4
杭州	4.0	4.6	4	3
济南	2.7	2.9	5	5
西安	2.6	2.7	6	6
青岛	2.4	2.6	7	8
佛山	2.2	2.7	8	6
福州	2.1	2.2	9	11
宁德	2.0	1.3	10	20
郑州	2.0	2.4	10	9
温州	1.9	2.1	12	12

---

❶ 全国平均次数按照R&D全时当量统计。

续表

城市	研发人员参与发明创造平均次数（次）		C23 城市排名	
	2023 年	2022 年	2023 年	2022 年
南京	1.9	2.1	12	12
广州	1.8	2.3	14	10
长沙	1.7	1.9	15	14
无锡	1.7	1.9	15	14
深圳	1.6	1.8	17	16
苏州	1.5	1.8	18	16
宁波	1.4	1.6	19	18
泉州	1.2	1.4	20	19
厦门	1.2	1.3	20	20
南通	1.2	1.3	20	20
东莞	1.1	1.2	23	23

（二）高端发明创造人员数量

城市所拥有创新资源的质和量均会对城市创新发展的能力和效率产生影响，创新资源特别是高质量的创新人才资源是城市创新关键中的关键，而高质量创新人员往往具有紧缺性和流动性，如何吸引和留住高精尖人才是城市人才工作的重点。通常，高被引专利的发明人（以下简称高被引发明人）是引领技术创新的高端发明创造人才。入选高被引发明人名单，意味着该发明人在所从事的技术领域具有极大的影响力，其创新成果为该领域后续创新作出了较大贡献。高被引发明人占比指标（高被引专利涉及的发明人数量占地区有效发明专利涉及的发明人数量的比重）突出了人才结构中的"高精尖"导向，反映了发明家等高端发明创造人才密度。

泉州市 2023 年高被引发明人为 204 人，从高被引发明人占所有发明人的比重来看，泉州市高被引发明人占比为 1.1%，较福建省高被引发明人占比（1.5%）低 0.4 个百分点。2022 年泉州市高被引发明人为 133 人，从高被引发明人占所有发明人的比重来看，泉州市高被引发明人占比为 0.9%，较福建省高被引发明人占比（1.5%）低 0.6 个百分点。2023 年，泉州市高被引发明人占比较上年上升 0.2 个百分点。2022—2023 年福建省和泉州市高被引发明人占比情况如图 4－2－2 所示。

图 4－2－2　2022—2023 年福建省和泉州市高被引发明人占比情况

如表 4－2－2 所示,泉州市 2023 年高被引发明人在 C23 城市中排名第 22 位,与上年保持一致,仅高于宁德市。从高被引发明人占所有发明人的比重来看,泉州市高被引发明人占比在 C23 城市中排名第 20 位,较上年提升 3 位。

表 4－2－2　高被引发明人数量及占比及排名情况

城市	高被引发明人数量（人）		C23 城市排名		高被引发明人占比（%）		C23 城市排名	
	2023 年	2022 年	2023 年	2022 年	2023 年	2022 年	2023 年	2022 年
深圳	5954	5008	1	1	3.0	3.1	1	1
武汉	3131	2518	5	5	2.6	2.4	2	4
南京	3708	3085	2	2	2.5	2.4	3	4
杭州	3415	2895	3	3	2.4	2.5	4	3
长沙	1678	1327	9	10	2.3	2.2	5	7
东莞	853	1037	15	13	2.2	3.0	6	2
青岛	1508	1371	11	9	2.1	2.3	7	6
西安	2289	1763	6	7	2.1	1.9	7	13
厦门	626	545	18	19	2.0	2.0	9	10
济南	1515	1194	10	11	2.0	2.0	9	10
无锡	1049	963	13	14	2.0	2.1	9	9

续表

城市	高被引发明人数量（人）		C23 城市排名		高被引发明人占比（%）		C23 城市排名	
	2023 年	2022 年	2023 年	2022 年	2023 年	2022 年	2023 年	2022 年
广州	3141	2646	4	4	2.0	2.0	9	10
合肥	1317	1094	12	12	1.9	1.9	13	13
宁波	953	814	14	15	1.9	1.9	13	13
成都	2105	1756	7	8	1.8	1.9	15	13
苏州	1805	1872	8	6	1.8	2.2	15	7
佛山	720	665	17	17	1.7	1.9	17	13
福州	547	406	19	20	1.6	1.4	18	19
郑州	820	756	16	16	1.3	1.4	19	19
泉州	204	133	22	22	1.1	0.9	20	23
南通	354	657	20	18	1.0	1.7	21	18
宁德	43	42	23	23	1.0	1.3	21	21
温州	282	256	21	21	0.8	1.0	23	22

（三）新兴产业发明人数量

泉州市9大战略性新兴产业中涉及发明人最多的产业是新一代信息技术产业（8021人），排名第2、3、4位的分别是生物产业（5885人）、节能环保产业（4803人）和高端装备制造产业（4639人）；涉及发明人最少的产业是相关服务业（87人）；新材料产业（3172人）和新能源产业（3434人）发明人数量位于3000~4000人；数字创意产业（858人）和新能源汽车产业（899人）发明人数量在500~1000人。

如表4-2-3所示，各产业中，企业发明人占比最高的前3个产业分别是新能源产业、节能环保产业和新材料产业，占比分别达到了69.3%、67.1%和65.7%；而高校/研究机构发明人占比最高的前3个产业分别是数字创意产业、新材料产业和新一代信息技术产业，占比分别为32.2%、26.8%和25.8%。整体上，泉州市各产业中属于企业的发明人具有优势。

表 4-2-3　泉州各产业发明人情况（截至 2023 年底）

战略性新兴产业	企业发明人占比（%）	高校/研究机构发明人占比（%）	合计（人）
新一代信息技术产业	58.0	25.8	8021
生物产业	47.1	18.0	5885
节能环保产业	67.1	11.2	4803
高端装备制造产业	64.4	17.3	4639
新能源产业	69.3	9.7	3434
新材料产业	65.7	26.8	3172
新能源汽车产业	60.0	15.8	899
数字创意产业	52.9	32.2	858
相关服务业	48.3	18.4	87

泉州市战略性新兴产业中涉及合作申请最多的产业是新一代信息技术产业（130 件），其次分别是生物产业（120 件）、新材料产业（88 件）、高端装备制造产业（51 件）、节能环保产业（37 件）、新能源产业（37 件），其余产业不足 10 件。

如表 4-2-4 所示，各产业中，第一申请人类型是企业的专利申请占比最高的前 3 个产业分别是新能源产业、生物产业和节能环保产业，占比分别达到了 78.4%、70.0% 和 64.9%，均在六成以上；而第一申请人类型是高校/研究机构的专利申请占比最高的前 3 个产业分别是新能源汽车产业、数字创意产业和高端装备制造产业，占比均在六成以上。整体上，泉州各产业中第一申请人类型是企业的专利申请占比具有优势。

表 4-2-4　泉州各产业专利合作申请情况（截至 2023 年底）

战略性新兴产业	第一申请人是企业的占比（%）	第一申请人是高校/研究机构的占比（%）	合作申请量（件）
新一代信息技术产业	42.3	56.9	130
生物产业	70.0	30.0	120
新材料产业	39.8	59.1	88
高端装备制造产业	35.3	64.7	51
新能源产业	78.4	21.6	37
节能环保产业	64.9	35.1	37
数字创意产业	16.7	83.3	6
新能源汽车产业	0.0	100.0	1

二、权利拥有主体集聚状况

(一) 重点创新主体集聚状况

创新主体是城市最为重要的能动要素。城市创新能力是通过城市各微观创新主体依靠自己所拥有的创新资源通过彼此之间的协作而形成的。影响这种创新能力强弱的基本因素就是创新主体数量。本书中提到的重点创新主体是指拥有50件以上有效专利，并且专利权人类型为企业、大专院校或科研单位。重点创新主体的数量体现了城市在重点企业、高校、科研院所的聚集程度。

如表4-2-5所示，2023年泉州市拥有的重点创新主体数量为371个，在C23城市中位列第20位，排名与上年持平；泉州市2021—2023年拥有重点创新主体数量年均增速为8.2%。

表4-2-5 重点创新主体数量、增速及排名情况

城市	重点创新主体数量（个）		C23城市排名		2021—2023年重点创新主体年均增速（%）	C23城市排名
	2023年	2022年	2023年	2022年		
深圳	3130	2575	1	1	24.3	6
苏州	1896	1601	2	2	24.2	7
广州	1523	1284	3	3	20.8	12
杭州	1221	1023	4	4	19.9	14
东莞	1093	893	5	6	25.1	4
宁波	1016	901	6	5	16.4	19
佛山	883	752	7	7	24.8	5
无锡	876	679	8	9	29.8	2
成都	852	717	9	8	20.2	13
南京	788	655	10	10	22.3	8
武汉	607	509	11	11	22.0	9
青岛	545	468	12	12	19.8	15
温州	518	446	13	13	18.2	17
合肥	512	431	14	15	21.1	11

续表

城市	重点创新主体数量（个）		C23 城市排名		2021—2023 年重点创新主体年均增速（%）	C23 城市排名
	2023 年	2022 年	2023 年	2022 年		
郑州	493	433	15	14	12.9	21
厦门	490	429	16	16	19.7	16
西安	479	429	17	16	15.5	20
济南	424	338	18	19	26.7	3
长沙	413	358	19	18	21.4	10
泉州	371	332	20	20	8.2	23
福州	338	309	21	22	16.5	18
南通	336	332	22	20	9.0	22
宁德	40	29	23	23	38.0	1

泉州重点创新主体中有企业 354 家，占重点创新主体数量的 95.4%。企业有效专利拥有量为 36116 件，占泉州重点创新主体有效专利拥有量的 85.3%；大专院校有效专利拥有量为 5575 件，占泉州重点创新主体有效专利拥有量的 13.2%；研究机构有效专利拥有量为 650 件，占泉州重点创新主体有效专利拥有量的 1.5%；企业在重点创新主体数量方面更具优势，大专院校在重点创新主体专利平均数量方面更具优势。

如图 4-2-6 所示，重点创新主体中仅华侨大学有效发明专利拥有量最多，达到 1938 件；九牧厨卫股份有限公司（305 件）、泉州师范学院（214 件）分列第 2、3 位，其余均在 200 件以下。

表 4-2-6　泉州市重点创新主体有效发明专利拥有量

重点创新主体	类型	有效发明专利量（件）
华侨大学	大专院校	1938
九牧厨卫股份有限公司	企业	305
泉州师范学院	大专院校	214
福建晋江浔兴拉链科技有限公司	企业	184
黎明职业大学	大专院校	135
福建恒安集团有限公司	企业	128
泉州装备制造研究所	研究机构	128

续表

重点创新主体	类型	有效发明专利量（件）
茂泰（福建）鞋材有限公司	企业	128
信泰（福建）科技有限公司	企业	104
福建浔兴拉链科技股份有限公司	企业	101
兴业皮革科技股份有限公司	企业	93
福建省晋华集成电路有限公司	企业	93
南威软件股份有限公司	企业	89
安踏（中国）有限公司	企业	80
福建西河卫浴科技有限公司	企业	76
福建南方路面机械股份有限公司	企业	72
国网福建省电力有限公司泉州供电公司	企业	71
福建省中科生物股份有限公司	企业	69
泉州市汉威机械制造有限公司	企业	67
福建师范大学泉港石化研究院	研究机构	65

泉州市重点创新主体拥有781件战略性新兴产业发明专利，占泉州重点创新主体有效发明专利拥有量的23.1%。如图4-2-3所示，专利主要集中于新一代信息技术产业（39.4%），其次是生物产业（28.1%）和新材料产业（17.9%），其余产业占比合计不足15%。

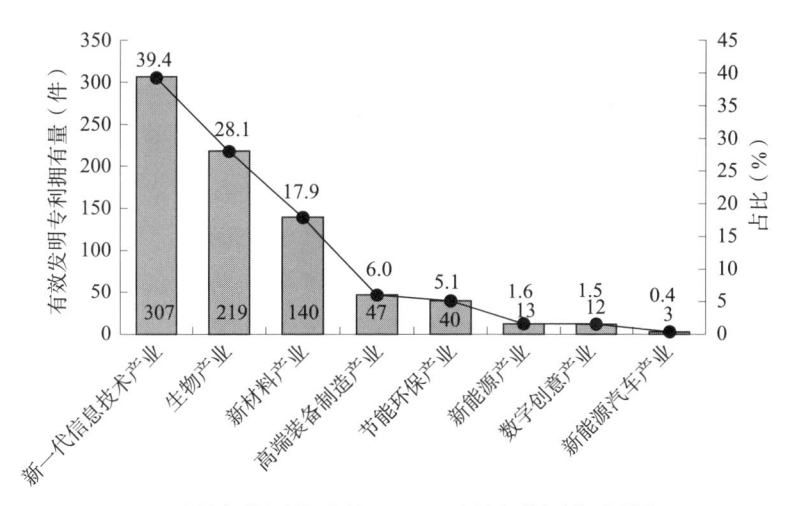

图4-2-3 泉州市重点创新主体战略性新兴产业发明专利拥有量及占比

（二）新进入企业集聚状况

企业是技术创新的主体，新企业代表产业发展的新活力和新方向。如果说持续参与专利活动的企业是城市技术创新的中流砥柱，那么参与专利申请活动的新企业就是城市创新动力的"新鲜血液"，是未来成为重点创新主体的后备力量。专利活动新进入企业数量反映了城市集聚重点技术创新主体的后劲和潜力，体现了城市技术创新活力和市场主体知识产权意识。

2023年泉州市专利活动新进入企业数量为2179家，较上一年（1875家）增加304家，较2021年（2084家）增加95家，这3年年均增速2.3%。如表4-2-7所示，2021—2023年，泉州市专利活动新进入企业数量共6138家，占福建省这3年专利活动新进入企业（22012家）的27.9%，在省内仅次于厦门市（30.2%）。

表4-2-7 泉州市专利活动新进入企业情况

年份	新进入企业数量（家）	代表性企业	申请量（件）
2021	2084	晋江关氏鞋业有限公司	57
		金语食品（福建）有限公司	46
		福建泉成勘察有限公司	36
		福建惠安县浩博石业有限公司	33
		福建美宏科技有限公司	32
2022	1875	泉州市辛格品牌管理有限公司	82
		泉州振科技术服务有限公司	50
		泉州域果网络科技有限公司	41
		福建省德化嘉辉艺品有限公司	36
		德化宋炎陶瓷有限公司	32
2023	2179	泉州市定品设计研究有限公司	94
		泉州风中雨荷贸易有限公司	91
		福建省泉州市淳辉贸易有限公司	87
		特步（中国）有限公司	85
		泉州宝铨模具有限公司	81

如表4-2-8所示，2023年泉州市专利活动新进入企业数量为2179家，在C23城市中排名第21位，与上年持平；泉州市专利活动新进入企业在全部

企业法人单位数量中的占比为0.6%，在C23城市中排名第20位，较上年上升2个位次。与上一年相比，南通市、武汉市专利活动新进入企业在全部专利活动企业中的占比在C23城市中排名降幅较大。

表4-2-8 专利活动新进入企业数量、增速及排名情况

城市	专利活动新进入企业数量（个）		C23城市排名		专利活动新进入企业占比（%）		C23城市排名	
	2023年	2022年	2023年	2022年	2023年	2022年	2023年	2022年
深圳	13464	14608	1	1	1.5	1.6	3	2
苏州	8128	8859	2	2	1.0	1.2	11	8
杭州	7582	6437	3	4	1.3	1.3	5	4
广州	7357	7329	4	3	0.9	0.9	12	16
东莞	5399	5658	5	5	1.3	1.3	5	4
佛山	5224	5075	6	6	2.0	2.0	1	1
合肥	4717	3622	7	11	1.2	1.1	8	12
武汉	4582	4818	8	7	1.2	1.3	8	4
成都	4542	4114	9	9	1.5	1.3	3	4
南京	4243	4486	10	8	0.8	0.7	17	20
宁波	3997	3277	11	14	1.7	1.4	2	3
西安	3764	3144	12	15	1.3	1.2	5	8
温州	3726	3481	13	12	1.1	1.2	10	8
青岛	3621	3984	14	10	0.7	0.8	19	18
济南	3312	3425	15	13	0.8	0.9	17	16
无锡	3000	3031	16	16	0.9	1.0	12	13
长沙	2537	2252	17	19	0.9	1.0	12	13
郑州	2533	2734	18	18	0.7	0.7	22	20
南通	2332	2886	19	17	0.9	1.2	12	8
厦门	2223	2054	20	20	0.9	1.0	12	13
泉州	2179	1875	21	21	0.6	0.6	20	22
福州	1417	1414	22	22	0.6	0.8	20	18
宁德	282	277	23	23	0.3	0.4	23	23

第三节 创新产出效益状况

一、专利运营状况

自2014年以来，各个地区充分发挥知识产权对供给侧结构性改革的制度供给和技术供给双重作用，加速实现知识产权价值，在一系列工作的直接带动下，城市知识产权运营业态蓬勃兴起，技术交易日趋活跃。

如图4-3-1所示，截至2023年底，泉州市共有46447件专利发生运营，占泉州市已公开的全部专利申请量的10.7%，且占福建省专利运营量的41.2%。泉州市专利运营以转让为主，截至2023年底共有41176件专利发生转让，占泉州市全部专利量的9.5%，占福建省转让专利量的43.7%；泉州市累计质押专利5459件，占泉州市全部专利量的1.3%，占福建省质押专利量的32.7%；泉州市累计许可专利量为2125件，占泉州市全部专利量的0.5%，占福建省许可专利量的32.5%。

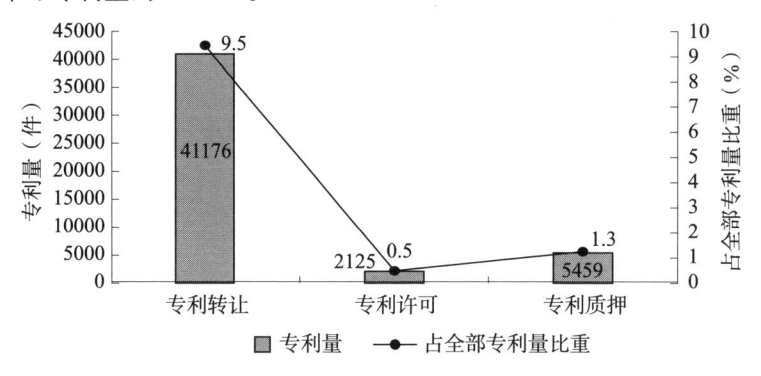

图4-3-1 泉州市专利运营情况（截至2023年底）

通过表4-3-1对于专利运营次数和转让、质押、许可次数在C23城市中排名情况的梳理分析可知，2023年泉州市包括专利转让、许可、质押等在内的专利运营次数达到12547次，较2022年同比增长50.0%，2021—2023年，泉州市专利运营次数年均增长18.0%，而福建省专利运营次数则3年年均增长20.5%。

表4-3-1 专利运营次数和转让、质押、许可次数及排名情况

城市	专利运营次数（次） 2023年	专利运营次数（次） 2022年	C23城市排名 2023年	C23城市排名 2022年	专利转让次数（次） 2023年	专利转让次数（次） 2022年	C23城市排名 2023年	C23城市排名 2022年	专利许可次数（次） 2023年	专利许可次数（次） 2022年	C23城市排名 2023年	C23城市排名 2022年	专利质押次数（次） 2023年	专利质押次数（次） 2022年	C23城市排名 2023年	C23城市排名 2022年
广州	52931	31884	1	2	44660	22581	1	2	2417	2034	4	2	5854	7269	2	1
深圳	48835	47491	2	1	40256	37331	2	1	3403	3431	1	1	5176	6729	3	2
杭州	32176	24596	3	3	24940	16611	4	4	2926	1773	3	4	4310	6212	4	3
苏州	29828	22803	4	4	25576	17639	3	3	1052	404	9	12	3200	4760	8	6
济南	24762	11499	5	13	16899	6262	5	16	120	243	22	15	7743	4994	1	5
南京	22079	20359	6	5	15521	13191	7	5	3121	1810	2	3	3437	5358	7	4
佛山	21539	14220	7	8	16789	9489	6	9	857	1083	10	5	3893	3648	6	9
武汉	16566	14738	8	6	10910	9421	13	10	1403	981	8	7	4253	4336	5	7
成都	16236	12975	9	10	12828	9499	8	8	391	203	15	17	3017	3273	10	11
宁波	15810	14284	10	7	10934	10732	12	6	1862	851	6	8	3014	2701	11	16
东莞	14329	9844	11	15	11959	7474	9	13	396	276	14	14	1974	2094	17	18
西安	14107	11535	12	12	10663	7959	14	12	417	587	11	9	3027	2989	9	15
温州	13722	12420	13	11	8531	8174	16	11	2275	1000	5	6	2916	3246	12	13
青岛	13351	13267	14	9	10979	9919	11	7	215	128	18	19	2157	3220	16	21
泉州	12547	8364	15	18	11035	7179	10	14	195	76	20	22	1317	1109	20	8
无锡	11628	10405	16	14	8341	6102	17	15	414	445	12	10	2873	3858	13	10
合肥	10970	9535	17	17	8851	6985	15	17	329	369	16	13	1790	2181	18	17
长沙	10949	9769	18	16	6555	6049	19	18	1567	243	7	15	2827	3477	14	20
郑州	8590	5946	19	21	7533	4628	18	19	206	106	19	20	851	1212	21	14
厦门	8585	6709	20	19	5661	3543	20	21	157	100	21	21	2767	3066	15	19
南通	7262	6340	21	20	5523	3913	21	20	409	434	13	11	1330	1993	19	22
福州	4804	4311	22	22	4102	3431	22	22	270	182	17	18	432	698	22	23
宁德	810	778	23	23	605	597	23	23	71	1	23	23	134	180	23	—

2023年泉州专利运营次数在C23城市中排名第15位,高于福州的第22位和宁德的第23位,排名较2022年上升3位。2023年专利运营次数在C23城市排名较2022年变化来看,济南、东莞、泉州和郑州均有所上升,其中济南上升8位,东莞上升4位,郑州上升2位;青岛、宁波、武汉、温州、无锡和长沙则有所下降,特别是青岛下降了5位,宁波下降了3位,武汉、温州、无锡和长沙均下降2位。

从专利转让次数排名情况来看,泉州2023年专利转让次数在C23城市中排名第10位,高于福州的第22位和宁德的第23位,较2022年排名情况相比上升4位。2023年专利转让次数在C23城市中排名较上一年有所上升的城市有济南、东莞、泉州等,其中济南上升了11个位次,东莞、泉州均上升了4个位次;宁波则下降了6个位次,温州下降了5位,青岛下降了4个位次。

从专利许可次数排名情况来看,泉州专利许可次数在C23城市中排名第20位,高于厦门、济南、宁德,较2022年排名上升了2个位次。2023年长沙、苏州、成都、宁波、泉州在C23城市中排名较上一年上升名次较多,分别上升了8个、3个、2个、2个和2个位次;而济南下降了7个位次,佛山下降了5个位次。

从专利质押次数排名情况来看,泉州专利质押次数在C23城市中排名第20位,仅高于郑州、福州和宁德,较2022年排名上升了1个位次。2023年C23城市排名较2022年变化中无锡、长沙和青岛分别下降5个、4个和3个位次,西安、宁波、济南分别上升6个、5个和4个位次。

二、专利效益状况

(一) 专利许可备案

专利实施许可也称专利许可证贸易,是指专利权人或其授权人许可他人在一定期限、一定地区、以一定方式实施其所拥有的专利,并向他人收取使用费用。专利许可是专利运用和商业化的主要途径,是转化专利市场价值最为常见的方式。地区专利许可备案合同平均金额,反映了地区专利运用效益和专利运营能力,体现了专利资产对经济社会发展的直接贡献度。

如图4-3-2所示,2023年泉州专利许可合同备案174项,较2022年

(30项)增加144项。2021年泉州专利许可合同备案15项,许可合同备案金额为88.5万元,平均金额为5.9万元/项,较2020年专利许可合同备案减少25项,许可合同金额(763万元)减少674.5万元,平均金额减少13.2万元/项。

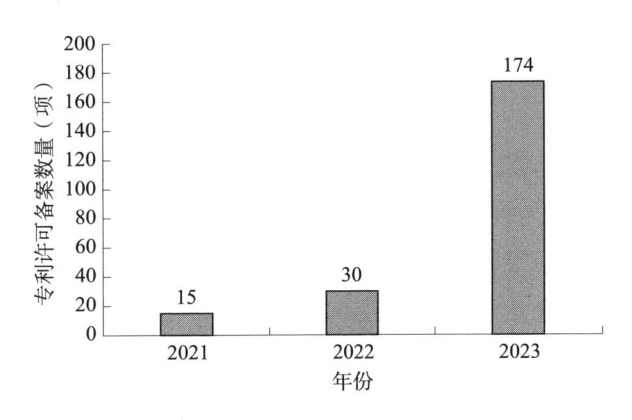

图4-3-2 2021—2023年泉州市专利许可备案数量

(二)专利质押融资

专利质押融资是专利权利人将其合法拥有的且目前仍有效的专利权出质,从银行等金融机构取得资金,并按期偿还资金本息的一种融资方式。专利质押融资是科技与金融结合实现专利权价值的重要手段,是科技型中小微企业重要的融资渠道。地区专利质押融资平均金额,反映了地区技术创新成果支撑企业融资的效益,体现了知识产权金融支持地区创新发展的程度。

如图4-3-3所示,2023年泉州专利质押融资项目数量为95项,专利质押合同金额为77170.1万元,专利质押融资平均金额为812.3万元/项;较2022年专利质押融资项目数量(52项)增加43项,专利质押融资平均金额(1117.8元/项)减少305.5万元/项;较2021年专利质押融资项目数量(58项)增加37项,专利质押融资平均金额(1755.1)减少942.8万元/项;较2020年专利质押融资项目数量(157项)减少62项,专利质押融资平均金额(1130.9)减少318.6万元/项。而2020年泉州专利质押融资项目数量最多,且专利质押合同金额也最多,但专利质押融资平均金额低于2021年。从这几年专利质押融资项目情况整体来看,2020—2022年泉州市专利质押融资项目整体水平在持续下降,2023年又有所回升,而专利质押融资平均金额2021—2023年持续下降。

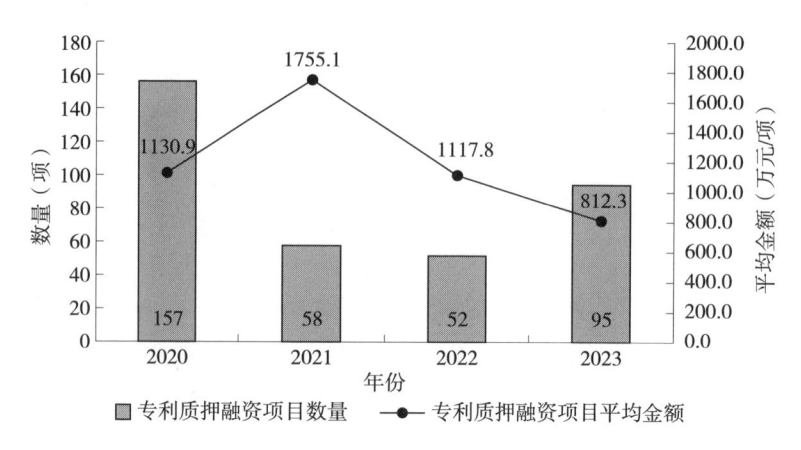

图 4-3-3　泉州市 2020—2023 年专利质押融资项目情况

三、产业效益状况

（一）专利密集型产业效益

专利密集型产业的发明专利密集度高，主要依赖技术创新与知识产权参与市场竞争，对社会经济的拉动能力强、贡献度大。国家知识产权局于 2016 年 9 月发布了我国《专利密集型产业目录（2016）》（试行）（以下简称《目录》）。《目录》包括 8 大产业，涵盖 48 个国民经济中类行业，具体包括信息基础产业、软件和信息技术服务业、现代交通装备产业、智能制造装备产业、生物医药产业、新型功能材料产业、高效节能环保产业、资源循环利用产业。专利密集型产业对应的国民经济行业工业大类主要为：化学原料和化学制品制造业、医药制造业、金属制品业、通用设备制造业、专用设备制造业、汽车制造业、铁路船舶航空航天和其他运输设备制造业、电气机械和器材制造业、计算机通信和其他电子设备制造业、仪器仪表制造业、水的生产和供应业。

2022 年泉州市规模以上工业企业专利密集型相关工业行业利润总额为 188.3 亿元，占泉州市全市全部利润总额的比重为 16.9%，如图 4-3-4 所示，较 2021 年专利密集型相关工业行业利润总额的占比（15.1%）增长 1.8 个百分点，较 2020 年专利密集型相关工业行业利润总额占比（16.1%）增长

0.8个百分点。[1]

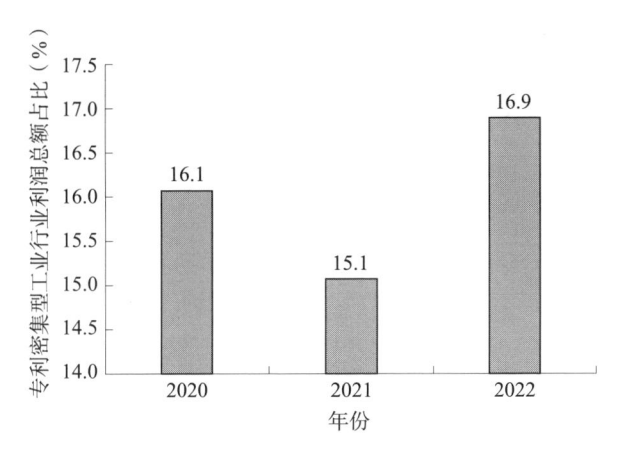

图4-3-4 泉州市专利密集型相关工业行业利润
总额占泉州市全部利润总额的比重

(二) 海外创新效益

在海外有同族专利权的发明专利是高价值发明专利拥有量统计维度之一，反映了国家或地区的国际竞争力，2021年每万人高价值发明专利拥有量被纳入《中华人民共和国国民经济和社会发展第十四个五年规划和2035年远景目标纲要》，成为"十四五"时期经济社会发展主要指标，在海外有同族专利权的发明专利拥有量是高价值发明专利拥有量的5大维度之一，具有专利稳定性强、价值较高的特点。

如图4-3-5所示，截至2023年底，泉州市拥有海外同族专利权的有效发明专利量为209件，较2022年（148件）增加61件，同比增长41.2%；较2021年（133件）增加76件，2021—2023年3年年均增长25.4%。泉州市2023年每亿元出口总值海外同族授权有效发明专利量为0.10件/亿元，较2022年增长0.04件/亿元，较2021年增长0.02件/亿元，这3年年均增长11.5%，泉州市海外布局仍需进一步加强。

---

[1] 数据来源于泉州市2021—2023年统计年鉴，统计年鉴统计上年度数据，截至写本书时数据仅更新到2022年。

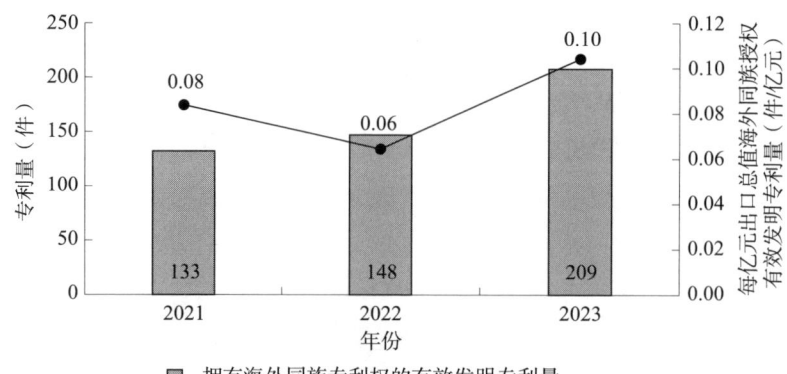

图 4-3-5　2021—2023 年泉州市海外有同族专利权的发明专利与出口额关系

如表 4-3-2 所示，截至 2023 年底，泉州市拥有海外同族有效发明专利量在 C23 城市里排名第 23 位，较上一年排名情况并无变化，低于宁德市、福州市。泉州市每亿元出口总值海外同族授权有效发明专利量 0.10 件/亿元，在 C23 城市中排名第 22 位，低于宁德市、福州市。福州市 2023 年拥有海外同族有效发明专利量为 282 件，在 C23 城市中排名第 21 位，较上一年位次不变；每亿元出口总值海外同族授权有效发明专利量为 0.11 件/亿元，在 C23 城市中排名第 21 位，较上一年位次不变。宁德市拥有海外同族有效发明专利量为 798 件，在 C23 城市中排名第 16 位，较上一年位次不变；每亿元出口总值海外同族授权有效发明专利量为 1.33 件/亿元，在 C23 城市中排名第 3 位，仅次于深圳市和武汉市，较上一年位次不变。

表 4-3-2　拥有海外同族专利权的有效发明专利量及排名情况

城市	拥有海外同族有效发明专利量（件）		C23 城市排名		每亿元出口总值海外同族授权有效发明专利量（件/亿元）		C23 城市排名	
	2023 年	2022 年	2023 年	2022 年	2023 年	2022 年	2023 年	2022 年
深圳	43328	38336	1	1	1.97	1.99	1	1
东莞	4688	4247	2	3	0.51	0.44	7	7
苏州	4542	4290	3	2	0.29	0.29	14	14
武汉	4039	3522	4	4	1.88	1.83	2	2
杭州	3692	3327	5	5	0.72	0.72	5	5

续表

城市	拥有海外同族有效发明专利量（件）		C23 城市排名		每亿元出口总值海外同族授权有效发明专利量（件/亿元）		C23 城市排名	
	2023 年	2022 年	2023 年	2022 年	2023 年	2022 年	2023 年	2022 年
广州	2910	2539	6	6	0.47	0.40	8	10
南京	2679	2299	7	7	0.70	0.58	6	6
青岛	2392	2084	8	8	0.45	0.42	9	8
成都	2023	1665	9	9	0.40	0.34	11	12
合肥	1941	1560	10	10	0.84	0.77	4	4
厦门	1756	1543	11	11	0.38	0.36	12	11
宁波	1272	1045	12	13	0.15	0.14	19	19
无锡	1194	1052	13	12	0.25	0.25	15	16
佛山	1091	937	14	14	0.20	0.19	17	18
西安	852	726	15	15	0.31	0.31	13	13
宁德	798	588	16	16	1.33	1.75	3	3
济南	603	498	17	19	0.42	0.42	10	8
长沙	580	503	18	18	0.25	0.26	15	15
南通	388	544	19	17	0.17	0.24	18	17
温州	374	289	20	20	0.15	0.14	19	19
福州	282	274	21	21	0.11	0.12	21	21
郑州	253	239	22	22	0.07	0.07	23	22
泉州	209	148	23	23	0.10	0.06	22	23

第五章　泉州市创新发展匹配度

为综合掌握泉州市创新发展匹配度在城市中的定位，本章将重点分析泉州市在C23城市（泉州、深圳、广州、苏州、成都、武汉、杭州、南京、宁波、青岛、无锡、长沙、郑州、佛山、福州、济南、合肥、西安、南通、东莞、宁德、温州、厦门）的科技匹配度、企业匹配度和产业匹配度中的位置，更加全面掌握泉州市与同等级城市相比在创新发展匹配度方面的优势和劣势。

第一节　专利与科技匹配度状况

一、研发经费和人力投入产出

通过表5-1-1中对于研发投入和产出排名情况的梳理分析可知，2023年泉州市每亿元研发投入专利授权量为255.8件/亿元，在C23城市中排名第6位，较2022年位次不变。C23城市中2023年每亿元研发投入专利授权量居首位的是成都市（396.1件/亿元），其次是温州市（351.3件/亿元）和武汉市（296.2件/亿元）。

2023年，泉州市每万人年研发人员专利授权量为8017.1件/万人年，在C23城市中排名第10位，较2022年下降4位。C23城市中2023年每万人年研发人员专利授权量居首位的是成都市（72963.9件/万人年），其次是南京市（69392.9件/万人年）和武汉市（16037.2件/万人年）。

表 5-1-1 研发投入和产出及排名情况

城市	每亿元研发投入专利授权量（件/亿元）		C23 城市排名		每万人年研发人员专利授权量（件/万人年）		C23 城市排名	
	2023 年	2022 年	2023 年	2022 年	2023 年	2022 年	2023 年	2022 年
成都	396.1	487.2	1	1	72963.9	85684.5	1	2
温州	351.3	448.5	2	2	9333.6	9683.8	6	11
武汉	296.2	446.4	3	3	16037.2	19275.2	3	3
佛山	293.3	366.3	4	4	13208.6	15804.2	5	5
合肥	261.7	306.5	5	5	13741.0	16459.5	4	4
泉州	255.8	303.4	6	6	8017.1	13242.1	10	6
东莞	200.1	277.1	7	7	6340.4	9105.4	16	13
宁波	195.0	261.1	8	9	6332.2	8088.6	17	15
青岛	193.4	270.2	9	8	8267.8	13113.2	8	7
南通	181.1	206.5	10	13	8380.3	9551.8	7	12
苏州	168.4	241.3	11	11	4859.7	7500.3	21	18
济南	164.9	251.3	12	10	8170.1	11999.3	9	9
杭州	161.4	207.9	13	12	7797.6	8056.0	11	16
无锡	149.7	206.3	14	14	—	—	—	—
厦门	142.1	194.8	15	16	5213.8	7353.8	19	19
福州	141.6	204.5	16	15	6613.0	10898.9	14	10
深圳	139.8	181.5	17	19	6920.0	7930.7	13	17
广州	134.0	188.4	18	17	7750.6	9099.0	12	14
南京	133.2	167.4	19	20	69392.9	87200.0	2	1
郑州	129.4	187.0	20	18	4949.0	6902.2	20	20
西安	105.8	118.1	21	23	5810.9	6488.4	18	21
长沙	103.3	127.0	22	21	4637.7	5887.2	22	22
宁德	79.6	122.5	23	22	6349.1	12914.2	15	8

二、高校院所创新产出

(一) 科研团队发明专利覆盖率

通过表 5-1-2 中对于高校和科研机构有效发明专利覆盖率 C23 城市排名情况的梳理分析可知，截至 2023 年底，泉州市 18 所高校中 17 所拥有有效发明专利，覆盖率为 94.4%，在 C23 城市中排名第 2 位，较 2022 年下降 1 位，其中 2022 年 18 所高校均拥有有效发明专利。C23 城市中 2023 年高校有效发明专利覆盖率居首位的是宁德市，覆盖率达 100.0%，较 2022 年位次不变；其次是泉州市、无锡市、杭州市、福州市、温州市，有效发明专利覆盖率均在 90.0% 以上，其中福州市较 2022 年上升 5 位。

表 5-1-2 高校和科研机构有效发明专利覆盖率及排名情况

城市	高校有效发明专利覆盖率（%）		C23 城市排名		科研机构有效发明专利覆盖率（%）		C23 城市排名	
	2023 年	2022 年	2023 年	2022 年	2023 年	2022 年	2023 年	2022 年
宁德	100.0	100.0	1	1	31.4	24.2	17	23
泉州	94.4	100.0	2	1	64.3	64.8	1	4
无锡	92.3	100.0	3	1	29.7	30.7	21	22
杭州	92.2	90.2	4	5	31.0	45.0	18	15
福州	91.9	86.5	5	10	37.3	46.4	12	13
温州	91.7	91.7	6	4	49.8	45.6	4	14
南通	90.0	90.0	7	6	33.5	44.2	15	16
青岛	88.0	80.0	8	17	35.7	54.0	13	9
广州	87.9	86.8	9	8	47.7	66.4	5	2
南京	87.5	87.5	10	7	31.0	46.8	19	12
郑州	87.3	84.5	11	13	41.8	62.2	11	5
宁波	86.7	86.7	12	9	44.7	52.1	8	10
佛山	85.7	85.7	13	11	45.4	50.5	7	11
东莞	85.7	85.7	14	11	52.0	61.0	2	7
苏州	85.2	81.5	15	16	43.2	43.3	10	17
长沙	82.3	83.9	16	14	29.7	36.8	20	21

续表

城市	高校有效发明专利覆盖率（%）		C23 城市排名		科研机构有效发明专利覆盖率（%）		C23 城市排名	
	2023 年	2022 年	2023 年	2022 年	2023 年	2022 年	2023 年	2022 年
深圳	80.0	70.0	17	23	51.9	61.3	3	6
济南	79.6	81.6	18	15	45.6	65.4	6	3
合肥	77.6	75.9	19	19	43.3	69.5	9	1
成都	76.5	77.9	20	18	32.2	41.2	16	18
武汉	73.3	71.1	21	21	28.5	40.7	23	19
西安	72.0	72.0	22	20	28.5	38.0	22	20
厦门	70.6	70.6	23	22	34.1	57.1	14	8

截至 2023 年底，泉州市科研机构有效发明专利覆盖率为 64.3%，在 C23 城市中排名第 1 位，较 2022 年上升 3 位。其次是东莞市和深圳市，2023 年科研机构有效发明专利覆盖率在 50.0% 以上，覆盖率分别为 52.0%、51.9%，较 2022 年分别上升 5 位、3 位。福州市和宁德市 2023 年科研机构有效发明专利覆盖率分别为 37.3%、31.4%，在 C23 城市中排名第 12 位和第 17 位，较 2022 年分别上升 1 位和 6 位。

（二）科研团队发明家占比

通过表 5-1-3 中对于高校和科研机构发明家占比 C23 城市排名情况的梳理分析可知，截至 2023 年底，泉州市高校发明人中有 23 人拥有高被引发明专利，高校发明家占比为 0.3%，在 C23 城市中排名第 17 位，较 2022 年下降 1 位，C23 城市中，南京市（1.8%）和杭州市（1.8%）并列第一，2023 年分别拥有高校发明家 1697 人、1135 人。

表 5-1-3 高校和科研机构发明家占比及排名情况

城市	高校发明家占比（%）		C23 城市排名		科研机构发明家占比（%）		C23 城市排名	
	2023 年	2022 年	2023 年	2022 年	2023 年	2022 年	2023 年	2022 年
南京	1.8	1.7	1	2	2.3	2.0	11	12
杭州	1.8	1.8	1	1	0.9	1.2	20	18

续表

城市	高校发明家占比（%）		C23 城市排名		科研机构发明家占比（%）		C23 城市排名	
	2023 年	2022 年	2023 年	2022 年	2023 年	2022 年	2023 年	2022 年
武汉	1.6	1.5	3	3	2.0	1.9	13	13
长沙	1.5	1.5	4	3	5.3	5.1	1	2
西安	1.3	1.2	5	6	1.8	1.7	15	14
广州	1.2	1.2	6	6	2.5	2.8	9	6
合肥	1.2	1.1	6	8	2.7	2.7	6	7
青岛	1.1	1.3	8	5	2.7	2.4	6	11
济南	1.1	1.0	8	9	2.5	2.7	9	7
成都	1.0	1.0	10	9	1.8	1.6	15	16
无锡	0.9	0.9	11	11	1.7	1.6	17	16
福州	0.9	0.8	11	13	1.1	1.1	19	19
苏州	0.8	0.9	13	11	3.4	3.1	4	4
厦门	0.8	0.7	13	14	2.3	2.5	11	10
深圳	0.5	0.4	15	16	4.2	4.2	3	3
温州	0.4	0.7	16	14	1.2	0.9	18	20
宁波	0.3	0.4	17	16	5.2	5.6	2	1
泉州	0.3	0.4	17	16	3.4	1.7	4	14
郑州	0.3	0.3	17	19	2.7	3.1	6	4
南通	0.2	0.2	20	20	0.0	0.3	22	21
东莞	0.2	0.2	20	20	2.0	2.7	13	7
佛山	0.1	0.0	22	22	0.3	0.3	21	21
宁德	0.0	0.0	23	22	0.0	0.0	22	23

截至 2023 年底，泉州市拥有有效发明专利的科研机构发明人中有 20 人为高被引专利发明人，科研机构发明家占比为 3.4%，在 C23 城市中排名第 4 位，较 2022 年上升 10 位。排名首位的为长沙市，其共有 160 位科研机构发明家，占比达 5.3%，其次是宁波市和深圳市科研机构发明家占比分别为 5.2% 和 4.2%。

第二节 专利与企业匹配度状况

一、企业总体专利活动

(一) 企业专利创造实力定位

通过表 5-2-1 中对于企业专利申请量和发明专利申请量占比 C23 城市排名情况的梳理分析可知，2023 年，泉州市企业申请公开专利 31471 件，在 C23 城市中排名第 21 位，较 2022 年位次不变；从企业专利申请量中发明专利占比来看，2023 年泉州市发明专利占比为 13.8%，较 2022 年占比上升 3.2 个百分点，在 C23 城市中排名提升 1 位。宁德市、南京市和杭州市排名前 3 位，发明专利申请量占比分别为 47.6%、43.7% 和 40.2%，专利申请量排名前 3 位的深圳市、苏州市和杭州市发明专利占比分列第 5 位、第 13 位、第 3 位。

表 5-2-1 企业专利申请量和发明专利申请量占比及排名情况

城市	企业专利申请量（件）		C23 城市排名		企业专利申请量中发明专利占比（%）		C23 城市排名	
	2023 年	2022 年	2023 年	2022 年	2023 年	2022 年	2023 年	2022 年
深圳	267819	308482	1	1	39.7	32.5	5	4
苏州	151764	186638	2	2	33.8	25.5	13	11
杭州	112953	119350	3	4	40.2	34.8	3	2
广州	106570	126417	4	3	37.6	28.8	10	9
东莞	84050	99030	5	5	23.2	19.4	20	19
佛山	74525	89360	6	6	20.5	16.6	21	21
武汉	71541	81373	7	7	38.1	32.3	9	5
青岛	69026	79765	8	8	29.8	25.2	15	12
合肥	62925	59724	9	13	37.0	32.0	11	6

续表

城市	企业专利申请量（件）		C23 城市排名		企业专利申请量中发明专利占比（%）		C23 城市排名	
	2023 年	2022 年	2023 年	2022 年	2023 年	2022 年	2023 年	2022 年
宁波	61919	69050	10	12	24.7	19.9	19	18
成都	60170	69173	11	11	39.8	27.6	4	10
南京	60133	73124	12	9	43.7	35.2	2	1
无锡	59207	72718	13	10	29.9	22.8	14	14
济南	47476	55874	14	14	35.5	24.1	12	13
温州	41925	45179	15	16	12.8	10.8	23	22
西安	41492	45257	16	15	39.4	31.9	6	7
南通	39348	43881	17	17	38.7	34.2	7	3
郑州	35495	43186	18	18	25.6	17.8	18	20
长沙	34142	38726	19	19	38.6	30.3	8	8
厦门	32433	38429	20	20	26.7	21.3	17	15
泉州	31471	32801	21	21	13.8	10.6	22	23
福州	22030	25072	22	22	29.6	20.6	16	17
宁德	8186	6092	23	23	47.6	20.7	1	16

如表 5-2-2 所示，2023 年，泉州市企业专利授权量为 29608 件，在 C23 城市中排名第 19 位，较 2022 年上升 2 位，高于长沙市、厦门市、福州市和宁德市，约为位居首位的深圳市企业专利授权量的 1/7；从企业专利授权量中发明专利占比来看，2023 年泉州市发明专利占比为 8.3%，在 C23 城市中排名第 22 位，较 2022 年占比增长 1.9 个百分点；成都市、南京市和深圳市排名前 3 位，发明专利授权量占比分别为 27.1%、26.9% 和 25.5%。

表 5-2-2 企业专利授权量和发明专利授权量占比及排名情况

城市	企业专利授权量（件）		C23 城市排名		企业发明专利授权量占比（%）		C23 城市排名	
	2023 年	2022 年	2023 年	2022 年	2023 年	2022 年	2023 年	2022 年
深圳	216752	255608	1	1	25.5	18.5	3	4
苏州	124473	157413	2	2	19.3	11.7	13	16

续表

城市	企业专利授权量（件）		C23 城市排名		企业发明专利授权量占比（%）		C23 城市排名	
	2023 年	2022 年	2023 年	2022 年	2023 年	2022 年	2023 年	2022 年
杭州	89251	97367	3	4	24.4	20.1	5	1
广州	87272	105477	4	3	23.8	14.7	6	8
东莞	76308	89841	5	5	15.4	11.2	17	18
佛山	68515	81876	6	6	13.5	9.0	20	21
青岛	58467	68551	7	7	17.1	13.0	15	11
武汉	57516	67991	8	8	23.1	19.0	7	3
宁波	54155	63057	9	9	13.9	12.3	19	13
无锡	50453	61972	10	10	17.7	9.4	14	19
合肥	49828	48411	11	13	20.5	16.1	10	6
成都	49705	59057	12	12	27.1	15.2	1	7
南京	46291	59301	13	11	26.9	20.0	2	2
温州	39014	42567	14	15	6.3	5.4	23	23
济南	38287	48321	15	14	20.1	12.3	11	13
西安	31929	35650	16	17	21.3	13.5	8	10
南通	30410	33799	17	19	20.7	14.6	9	9
郑州	30184	39061	18	16	12.5	9.1	21	20
泉州	29608	31350	19	21	8.3	6.4	22	22
长沙	27933	32842	20	20	25.0	17.9	4	5
厦门	27894	34302	21	18	14.7	11.8	18	15
福州	18461	22775	22	22	16.0	12.6	16	12
宁德	5340	5469	23	23	19.7	11.7	12	16

（二）企业专利持续授权实力定位

如表 5-2-3 所示，2023 年，泉州市获得发明专利授权的企业共有 5779 家，占地区企业数量的比重为 1.6%，在 C23 城市中排名第 21 位，与 2022 年排名持平；在 2021—2023 年获得发明专利授权的企业中连续 3 年均获得发明专利授权的企业共有 1979 家，占这 3 年获得专利授权的企业数量的比重为 19.7%，在 C23 城市中排名第 21 位，较 2022 年排名上升 1 位，高于温州市

（18.7%）和西安市（17.5%）。

表 5-2-3 获得发明专利授权的企业数量和持续创新企业占比及排名情况

城市	获得发明专利授权的企业数量占比（%）		C23 城市排名		2021—2023 年持续获得专利授权的企业数量占比（%）		C23 城市排名	
	2023 年	2022 年	2023 年	2022 年	2023 年	2022 年	2023 年	2022 年
佛山	5.4	5.6	1	1	21.3	19.7	15	12
宁波	5.0	4.6	2	3	23.5	23.2	5	4
深圳	4.8	5.0	3	2	22.9	20.6	7	8
成都	3.9	3.6	4	7	20.0	18.8	20	19
东莞	3.8	3.7	5	6	21.5	19.5	13	14
无锡	3.6	3.8	6	4	30.6	27.5	1	1
杭州	3.5	3.5	7	8	21.5	20.0	13	11
苏州	3.4	3.8	8	4	26.9	24.4	3	2
武汉	3.2	3.1	9	10	22.7	20.3	8	9
温州	3.1	3.2	10	9	18.7	16.9	22	23
西安	2.8	2.8	11	14	17.5	17.1	23	21
南通	2.8	3.0	11	11	27.9	23.5	2	3
合肥	2.8	2.5	11	16	20.5	19.5	17	14
厦门	2.7	3.0	14	11	21.7	20.8	12	7
广州	2.6	2.6	15	15	20.5	18.8	17	19
长沙	2.5	2.9	16	13	21.0	19.4	16	16
南京	2.5	2.2	16	18	24.1	22.3	4	5
济南	2.0	2.3	18	17	22.2	19.4	9	16
青岛	1.9	2.1	19	19	22.1	19.3	10	18
福州	1.7	2.1	20	19	21.8	20.2	11	10
泉州	1.6	1.8	21	21	19.7	17.0	21	22
郑州	1.6	1.8	21	21	23.4	21.1	6	6
宁德	0.9	0.9	23	23	20.5	19.6	17	13

二、科技型企业专利活动

(一) 高新技术企业专利活动

高新技术企业是知识密集、技术密集的经济实体。2016—2020年，泉州市高新技术产业得到长足发展，整体效益与规模呈现向好向快态势，高新技术企业成为泉州市高质量发展的重要动力。如表5-2-4所示，2023年，泉州市处于有效状态的2473家高新技术企业共拥有有效专利79499件，高新技术企业专利平均拥有量为30.7件/家，在C23城市中排名第19位，较2022年下降8位，宁德市两年均居首位，其中宁德市2023年164家高新技术企业共拥有有效专利14470件，高新技术企业平均专利拥有量为88.2件/家。

2023年，泉州市645家科技型中小企业拥有有效专利，有效专利覆盖率为71.8%，在C23城市中排名第12位，较2022年下降2位，东莞市、温州市、南通市位居前3位，其中东莞市2023年6034家科技型中小企业拥有有效专利，覆盖率达92.2%。

表5-2-4 高新技术企业专利平均拥有量和科技型中小企业有效专利覆盖率及排名情况

城市	高新技术企业专利平均拥有量（件/家）		C23城市排名		科技型中小企业有效专利覆盖率（%）		C23城市排名	
	2023年	2022年	2023年	2022年	2023年	2022年	2023年	2022年
宁德	88.2	50.4	1	1	72.4	77.8	9	7
郑州	55.9	21.0	2	15	52.9	52.2	22	21
东莞	54.0	27.4	3	7	92.2	91.8	1	1
青岛	53.6	26.1	4	9	72.3	67.0	10	15
厦门	51.8	29.0	5	4	65.9	68.2	14	12
佛山	46.3	26.2	6	8	78.9	86.3	6	2
深圳	45.8	28.8	7	5	84.8	84.5	5	4
苏州	44.7	27.9	8	6	78.1	75.3	7	9
武汉	43.0	19.3	9	19	64.2	59.9	15	18
无锡	41.3	29.5	10	3	73.9	76.7	8	8
合肥	38.9	19.7	11	18	63.8	64.7	16	16
福州	37.7	21.7	12	12	54.6	49.2	20	22

续表

城市	高新技术企业专利平均拥有量（件/家）		C23 城市排名		科技型中小企业有效专利覆盖率（%）		C23 城市排名	
	2023 年	2022 年	2023 年	2022 年	2023 年	2022 年	2023 年	2022 年
成都	37.2	20.4	13	17	58.4	52.5	19	20
济南	36.3	19.2	14	20	72.2	70.8	11	11
宁波	36.2	29.7	15	2	85.2	82.3	4	6
杭州	34.5	21.0	16	15	66.8	67.8	13	13
西安	33.7	15.5	17	23	44.6	42.0	23	23
广州	32.1	21.2	18	13	58.6	63.0	18	17
泉州	30.7	23.4	19	11	71.8	72.4	12	10
长沙	30.5	19.0	20	21	63.1	67.7	17	14
南通	28.1	24.1	21	10	87.7	83.1	3	5
南京	27.2	18.7	22	22	53.8	53.0	21	19
温州	24.3	21.1	23	14	89.9	86.1	2	3

截至2023年底，泉州市处于有效状态的高新技术企业拥有有效发明专利6464件，高新技术企业发明专利平均拥有量为2.61件，较2022年增长0.63件，较2021年增加1.10件。2021—2023年泉州市高新技术企业发明专利拥有量和平均拥有量如图5-2-1所示。

高新技术企业发明专利拥有量　　高新技术企业发明专利平均拥有量

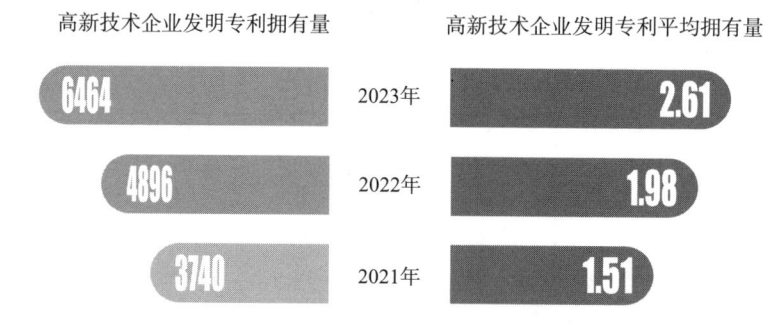

6464	2023年	2.61
4896	2022年	1.98
3740	2021年	1.51

图 5-2-1　2021—2023 年泉州市高新技术企业发明专利拥有量和平均拥有量（单位：件）

如图 5-2-2 所示，2023 年泉州市 593 家高新技术企业获得发明专利授权，高新技术企业发明专利授权覆盖率为 24.0%，较 2022 年增长 5.9 个百分点；截至 2023 年底泉州市 1216 家高新技术企业拥有有效发明专利，高新技术企业有效发明专利覆盖率为49.2%，较2022年增长9.3个百分点。

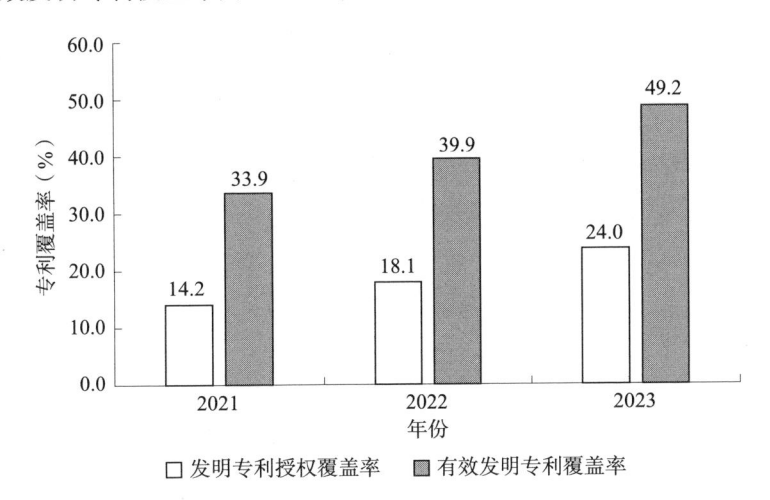

图 5-2-2　2021—2023 年泉州市高新技术企业发明专利覆盖率

如图 5-2-3 所示，2023 年泉州市高新技术企业共有 1596 件专利获得授权，前 10 位企业授权量均超 15 件，合计发明专利授权量为 315 件，占全部高新技术企业专利授权量的 19.7%，授权量超 50 件的高新技术企业仅有九牧厨卫股份有限公司（90 件）。

企业	授权量（件）
九牧厨卫股份有限公司	90
福建省晋华集成电路有限公司	44
福建省中科生物股份有限公司	33
中化泉州能源科技有限责任公司	27
安踏（中国）有限公司	26
信泰（福建）科技有限公司	23
泉州三安半导体科技有限公司	19
福建群峰机械有限公司	18
福建恒安家庭生活用品有限公司	18
泉州昆泰芯微电子科技有限公司	17

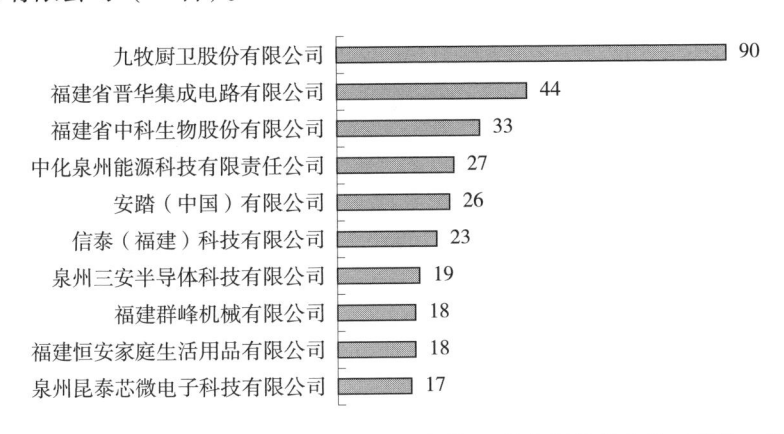

图 5-2-3　2023 年泉州市发明专利授权量前 10 位高新技术企业（单位：件）

如图 5-2-4 所示，截至 2023 年底，泉州市高新技术企业拥有 6464 件有效发明专利，发明专利有效量前 10 位企业均超 70 件，九牧厨卫股份有限公司以 316 件领先，是排名第 2 位的信泰（福建）科技有限公司（104 件）的 3.0 倍，福建浔兴拉链科技股份有限公司（101 件）居第 3 位，福建省晋华集成电路有限公司和兴业皮革科技股份有限公司发明专利有效量分别为 98 件和 93 件，其余申请人发明专利有效量均在 90 件以下。

企业名称	发明专利有效量
九牧厨卫股份有限公司	316
信泰（福建）科技有限公司	104
福建浔兴拉链科技股份有限公司	101
福建省晋华集成电路有限公司	98
兴业皮革科技股份有限公司	93
南威软件股份有限公司	89
福建省中科生物股份有限公司	88
安踏（中国）有限公司	87
福建西河卫浴科技有限公司	76
福建南方路面机械股份有限公司	72

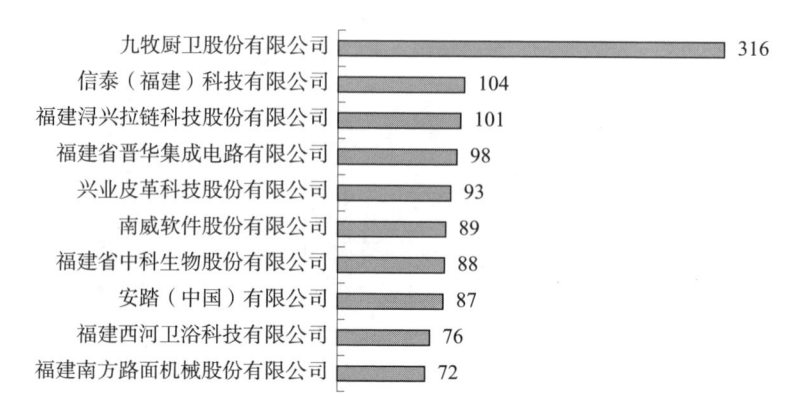

图 5-2-4　截至 2023 年底泉州市发明专利有效量前 10 位高新技术企业（单位：件）

（二）创新型中小企业专利活动

2023 年泉州市创新型中小企业为 467 家，创新活动得到快速发展，2023 年发明专利授权量为 372 件，较 2022 年（363 件）同比增长 2.5%；截至 2023 年底发明专利拥有量为 1488 件，较 2022 年（1116 件）同比增长 33.3%，且企业发明专利平均拥有量为 3.2 件，较 2022 年（2.4 件）增长 0.8 件。从发明专利覆盖程度来看，2023 年共有 168 家企业获得发明专利授权，覆盖率为 36.0%，较 2022 年增长 8.2 个百分点；截至 2023 年底 341 家企业拥有有效发明专利，覆盖率为 73.0%，较 2022 年增长 11.8 个百分点。2023 年泉州市创新型中小企业发明专利覆盖率如图 5-2-5 所示。

发明专利授权覆盖率 36.0%　　有效发明专利覆盖率 73.0%

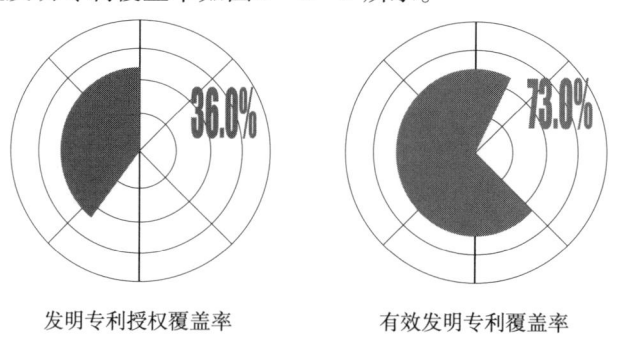

图 5-2-5　2023 年泉州市创新型中小企业发明专利覆盖率

由图 5-2-6 分析可知，2023 年泉州市共有 2 家创新型中小企业发明专利授权量在 10 件以上，其中福建恒安家庭生活用品有限公司为 18 件、泉州昆泰芯微电子科技有限公司为 17 件。

企业名称	件数
福建恒安家庭生活用品有限公司	18
泉州昆泰芯微电子科技有限公司	17
泉州劲鑫电子有限公司	9
福建省公田软件股份有限公司	9
福建省佑达环保材料有限公司	9
福建晶安光电有限公司	9
泉州众志金刚石工具有限公司	7
晋江中天模具有限公司	6
晋江市高威电磁科技股份有限公司	6
泉州市三联机械制造有限公司	5

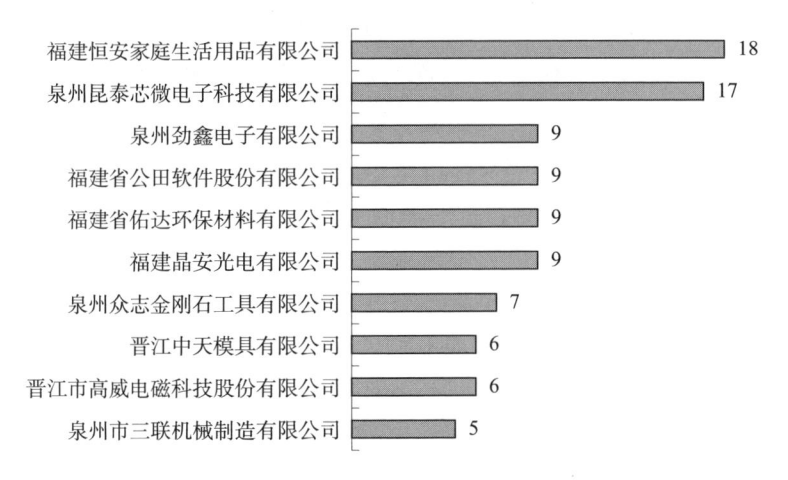

图 5-2-6　2023 年泉州市发明专利授权量前 10 位创新型中小企业（单位：件）

由图 5-2-7 分析可知，截至 2023 年底，泉州市拥有 20 件以上有效发明专利的创新型中小企业数量共 9 家，排名第 1 位的为福建恒安家庭生活用品有限公司，共拥有有效发明专利 37 件。前 10 家企业共拥有有效发明专利 256 件，占创新型中小企业发明专利有效总量的 17.2%。

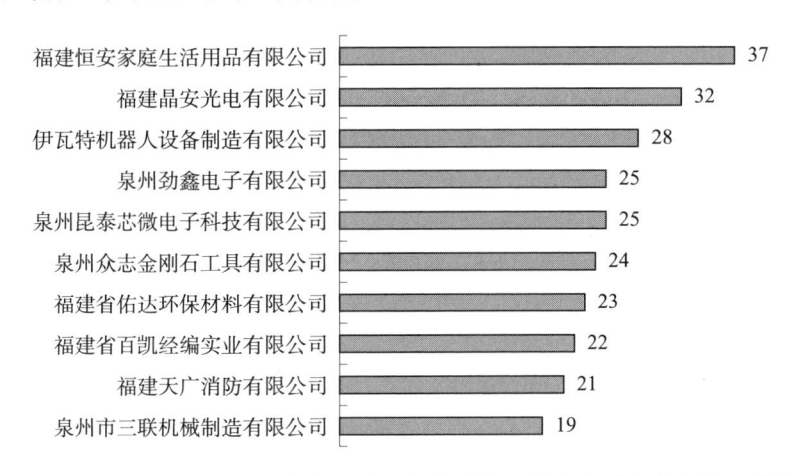

企业名称	件数
福建恒安家庭生活用品有限公司	37
福建晶安光电有限公司	32
伊瓦特机器人设备制造有限公司	28
泉州劲鑫电子有限公司	25
泉州昆泰芯微电子科技有限公司	25
泉州众志金刚石工具有限公司	24
福建省佑达环保材料有限公司	23
福建省百凯经编实业有限公司	22
福建天广消防有限公司	21
泉州市三联机械制造有限公司	19

图 5-2-7　截至 2023 年底泉州市发明专利有效量前 10 位创新型中小企业（单位：件）

（三）专精特新企业专利活动

由图 5-2-8 分析可知，泉州市专精特新企业 2023 年共有 184 件发明专利获得授权，平均每家企业发明专利授权量为 1.4 件，较 2022 年（151 件）同比增加 21.9%；2021 年泉州市专精特新企业发明专利授权量为 85 件，3 年年均增速达 47.1%。截至 2023 年底，泉州市专精特新企业拥有有效发明专利852 件，较上年同比增长 31.3%，占全市企业发明专利有效量的 6.4%。从发明专利拥有量覆盖率来看，120 家企业拥有有效发明专利，覆盖率高达 91.6%。

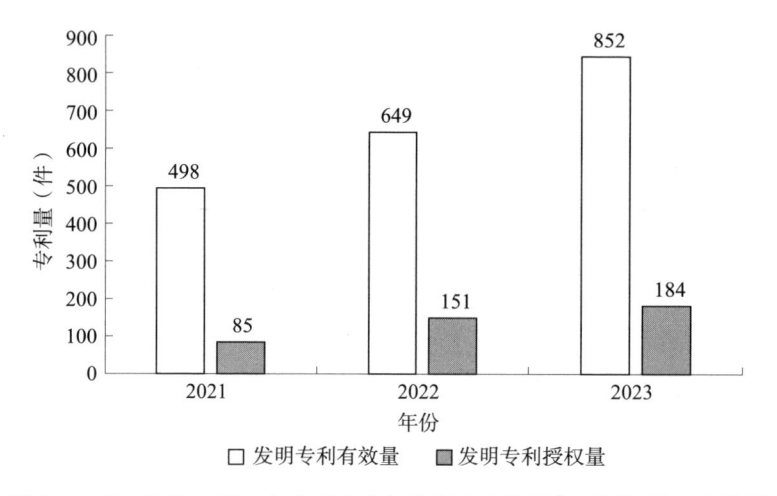

图 5-2-8 2021—2023 年泉州市专精特新企业发明专利授权量和有效量

由图 5-2-9 分析可知，截至 2023 年底，泉州市有效发明专利量前 10 位的专精特新企业合计拥有有效发明专利 275 件，占专精特新企业发明专利有效量的 32.3%，其中泉州市汉威机械制造有限公司以 67 件有效发明专利居首位，其次是泉州市海恩德机电科技发展有限公司（54 件）、固美金属股份有限公司（24 件）、福建佶龙机械科技股份有限公司（24 件）。发明专利量前 10位的企业中，福建金石能源有限公司 2023 年发明专利授权量居首位，为 9 件，其次是泉州市海恩德机电科技发展有限公司和福建闽山消防有限公司，均为 5 件。

图中数据(柱状图):

企业名称	发明专利授权量	发明专利有效量
泉州市汉威机械制造有限公司	3	67
泉州市海恩德机电科技发展有限公司	5	54
固美金属股份有限公司	0	24
福建佶龙机械科技股份有限公司	3	24
福建佰源智能装备股份有限公司	0	19
福建闽山消防有限公司	5	19
福建金石能源有限公司	9	18
晋江市龙兴隆染织实业有限公司	1	17
西人马联合测控（泉州）科技有限公司	0	17
泉州华大超硬工具科技有限公司	2	16

图 5-2-9 截至 2023 年底泉州市有效发明专利前 10 位的专精特新企业发明专利有效量和 2023 年发明专利授权量（单位：件）

（四）科技"小巨人"企业专利活动

由图 5-2-10 分析可知，泉州市现有 472 家科技"小巨人"企业，截至 2023 年底，472 家企业中共有 349 家企业拥有有效发明专利，覆盖率为 73.9%，发明专利有效量为 2280 件，较上年同比增长 33.1%，占全市企业发明专利有效量的 17.1%。2023 年泉州市科技"小巨人"企业发明专利授权量为 497 件，较上年（418 件）同比增长 18.9%，2021 年泉州市科技"小巨人"

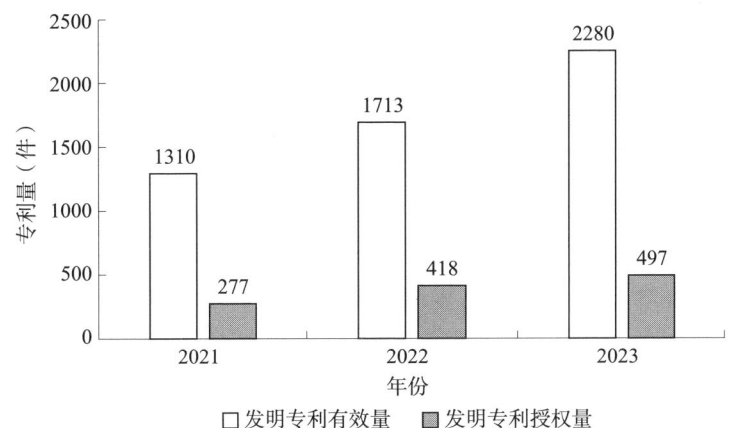

年份	发明专利有效量	发明专利授权量
2021	1310	277
2022	1713	418
2023	2280	497

图 5-2-10 2021—2023 年泉州市科技"小巨人"企业发明专利授权量和有效量

企业发明专利授权量为277件，3年年均增速高达33.9%。

由图5-2-11分析可知，截至2023年底，泉州市拥有有效发明专利前10家科技"小巨人"企业合计发明专利有效量为459件，占全部科技"小巨人"企业发明专利有效量的20.1%，其中福建省中科生物股份有限公司以88件居首位，50件以上的企业还有3家，分别为泉州市汉威机械制造有限公司（67件）、福建省铁拓机械股份有限公司（55件）、泉州市海恩德机电科技发展有限公司（54件）。发明专利有效量前10位的企业中，福建省中科生物股份有限公司2023年共有33件发明专利获得授权，其次是福建华清电子材料科技有限公司（13件）、福建火炬电子科技股份有限公司（11件）。

企业	发明专利授权量	发明专利有效量
福建省中科生物股份有限公司	33	88
泉州市汉威机械制造有限公司	3	67
福建省铁拓机械股份有限公司	6	55
泉州市海恩德机电科技发展有限公司	5	54
晋江国盛新材料科技有限公司	0	41
福建火炬电子科技股份有限公司	11	40
福建华清电子材料科技有限公司	13	30
福建科立讯通信有限公司	6	29
嘉亨家化股份有限公司	0	29
福建泉工股份有限公司	9	26

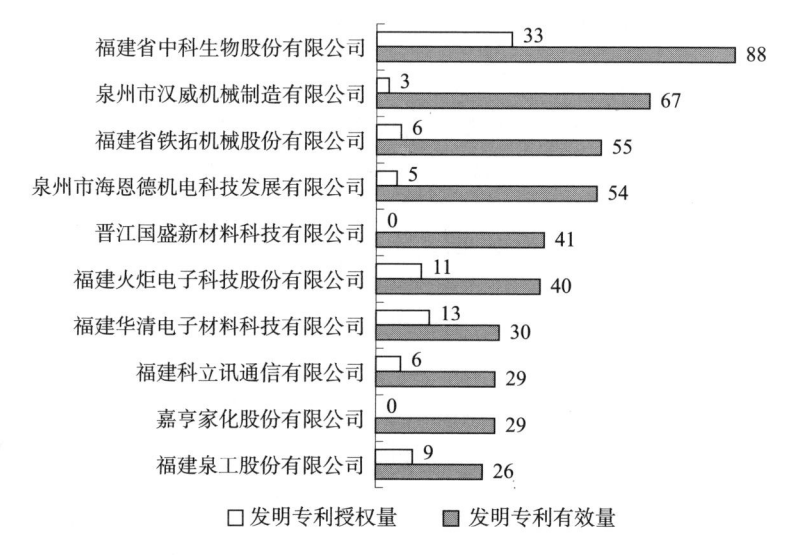

图5-2-11 截至2023年底泉州市有效发明专利前10位的科技"小巨人"企业发明专利有效量和2023年发明专利授权量（单位：件）

（五）企业技术中心专利活动

泉州市现有46家企业技术中心，截至2023年底，46家中共有42家拥有有效发明专利，覆盖率为91.3%，发明专利有效量为1301件，较上年同比增长19.2%，占全市企业发明专利有效量的9.8%。2023年泉州市企业技术中心发明专利授权量为257件，较上年同比下降15.7%，2021—2023年泉州市企业技术中心发明专利累计授权量为777件，年均增速高达9.3%。2021—2023年泉州市企业技术中心发明专利授权量和有效量如图5-2-12所示。

第五章 泉州市创新发展匹配度

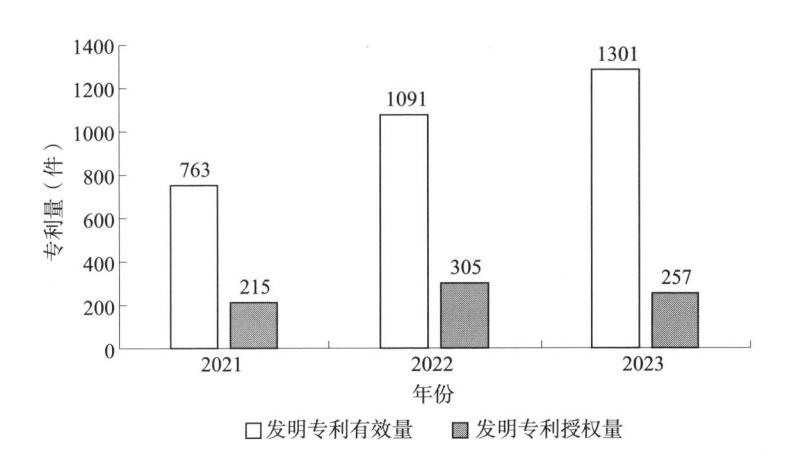

图 5-2-12　2021—2023 年泉州市企业技术中心发明专利授权量和有效量

截至 2023 年底，泉州市拥有有效发明专利前 10 位的企业技术中心合计发明专利有效量为 1041 件，占全部企业技术中心发明专利有效量的 80.0%，如图 5-2-13 所示。其中九牧厨卫股份有限公司以 316 件居首位，百件以上的企业还有 3 家，分别为福建恒安集团有限公司（129 件）、信泰（福建）科技有限公司（104 件）、福建浔兴拉链科技股份有限公司（101 件）。发明专利有

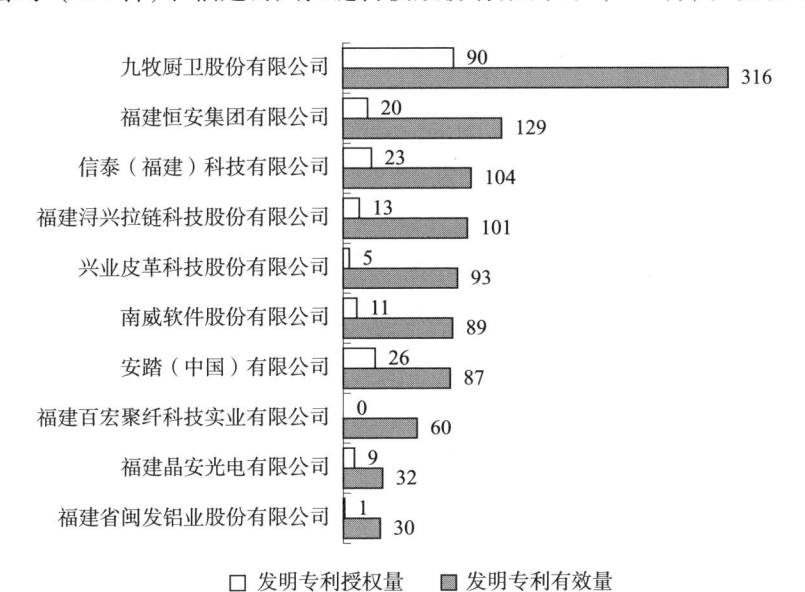

图 5-2-13　截至 2023 年底泉州市有效发明专利前 10 位的企业技术中心发明专利有效量和 2023 年发明专利授权量（单位：件）

效量前10位的企业中,九牧厨卫股份有限公司2023年共有90件发明专利获得授权,其次是安踏(中国)有限公司(26件)、信泰(福建)科技有限公司(23件)、福建恒安集团有限公司(20件)。

三、知识产权示范和优势企业专利活动

泉州市共确定52家企业作为国家知识产权示范和优势企业,截至2023年底,由图5-2-14可知,48家企业共拥有有效发明专利916件,较2022年同比增长16.8%。2023年泉州市国家知识产权示范和优势企业发明专利授权量为184件,较上年同比增长14.3%,2021—2023年3年累计授权发明专利472件,年均增速高达20.3%。

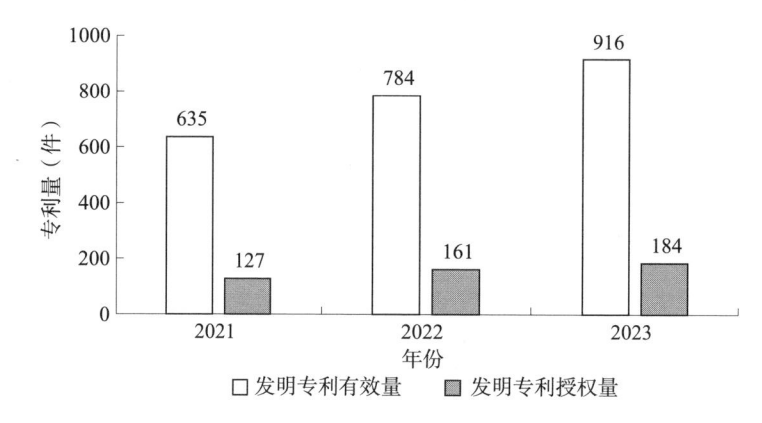

图5-2-14 2021—2023年泉州市国家知识产权示范和
优势企业发明专利授权量和有效量

截至2023年底,泉州市国家知识产权示范和优势企业有效发明专利覆盖率为92.3%,如图5-2-15所示。其中5家企业发明专利有效量在50件以上,拥有100件以上有效发明专利的企业有信泰(福建)科技有限公司(104件)、福建浔兴拉链科技股份有限公司(101件)。发明专利有效量前10位的企业中,信泰(福建)科技有限公司2023年共有23件发明专利获得授权,其次是泉州迪特工业产品设计有限公司(17件)和福建浔兴拉链科技股份有限公司(13件)。

第五章 泉州市创新发展匹配度

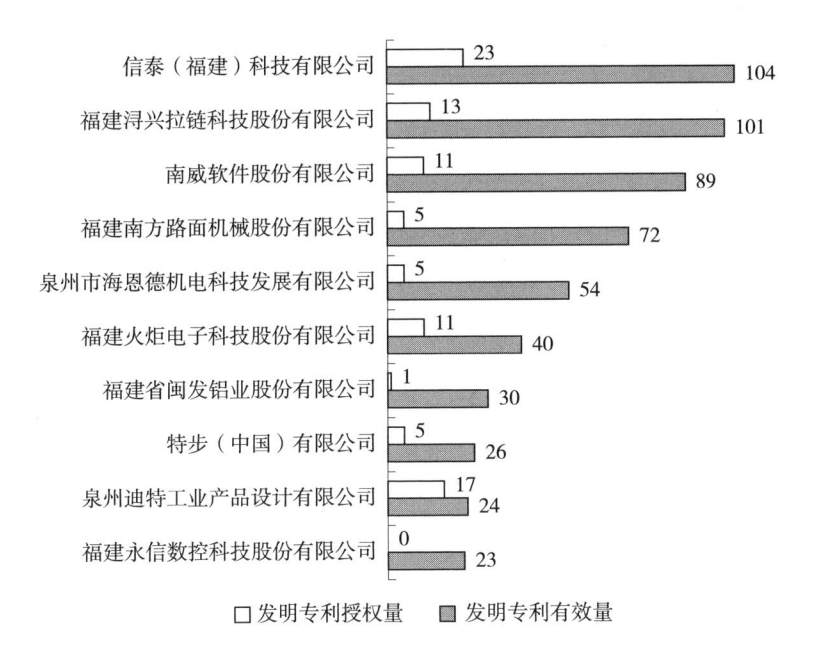

企业名称	发明专利授权量	发明专利有效量
信泰（福建）科技有限公司	23	104
福建浔兴拉链科技股份有限公司	13	101
南威软件股份有限公司	11	89
福建南方路面机械股份有限公司	5	72
泉州市海恩德机电科技发展有限公司	5	54
福建火炬电子科技股份有限公司	11	40
福建省闽发铝业股份有限公司	1	30
特步（中国）有限公司	5	26
泉州迪特工业产品设计有限公司	17	24
福建永信数控科技股份有限公司	0	23

图5-2-15 截至2023年底泉州市发明专利有效量前10位的国家知识产权示范和优势企业发明专利有效量和2023年发明专利授权量（单位：件）

四、A股上市公司专利活动

如表5-2-5所示，截至2023年底，泉州市A股上市公司拥有有效发明专利量为1065件，从A股上市公司研发投入与产出情况来看，泉州市每亿元营业收入有效发明专利量为3.4件，在C23城市中排名第20位，较2022年下降2位，高于宁波市、青岛市和温州市。

表5-2-5 A股上市公司发明专利数据及排名情况[1]

城市	A股上市公司有效发明专利量（件）		C23城市排名		A股上市公司每亿元营业收入有效发明专利量（件）		C23城市排名	
	2023年	2022年	2023年	2022年	2023年	2022年	2023年	2022年
深圳	92957	69688	1	1	5.5	4.5	9	8

[1] 在本节A股上市公司专利活动分析中，为保持与对标城市的一致性，统计各上市公司发明专利授权量和有效量时，均包括上市公司、其子公司、公司曾用名等专利权人的所有专利量，故部分企业专利数据与其他章节数据相比会略有增加。

续表

城市	A股上市公司有效发明专利量（件）		C23城市排名		A股上市公司每亿元营业收入有效发明专利量（件）		C23城市排名	
	2023年	2022年	2023年	2022年	2023年	2022年	2023年	2022年
佛山	26659	17835	2	2	4.5	3.7	14	12
杭州	23466	16965	3	3	5.2	3.9	10	10
苏州	22155	16590	4	4	6.2	5.3	7	4
武汉	21071	10184	5	10	11.3	10.8	2	2
广州	20324	15219	6	5	6.5	4.9	6	5
青岛	18646	14186	7	6	3.1	2.7	22	21
济南	16569	11100	8	9	6.2	4.8	7	6
合肥	14874	11896	9	7	7.2	4.8	4	6
南京	14007	11140	10	8	4.6	3.4	13	15
长沙	9793	7767	11	11	4.8	3.7	11	12
成都	9723	7339	12	12	27.5	24.3	1	1
西安	8772	6494	13	13	6.7	4.5	5	8
宁波	7853	6105	14	14	3.4	2.9	20	18
无锡	7678	5822	15	15	4.7	3.9	12	10
福州	6564	5171	16	16	4.5	3.5	14	14
厦门	6053	4720	17	17	4.0	2.5	16	22
南通	4205	3416	18	18	3.9	3.3	17	16
东莞	4097	3275	19	19	3.8	2.8	19	20
宁德	2562	1772	20	20	8.9	8.8	3	3
郑州	1787	1310	21	21	3.9	3.1	17	17
温州	1692	1242	22	22	2.4	1.7	23	23
泉州	1065	958	23	23	3.4	2.9	20	18

由图5-2-16可知，泉州市10家A股上市公司2023年获得发明专利授权89件，较2022年同比下降3.3%，2021—2023年年均授权增速为18.9%；截至2023年底，泉州市A股上市公司共拥有有效发明专利541件，较上年同比增长21.0%，3年年均增速为29.4%。

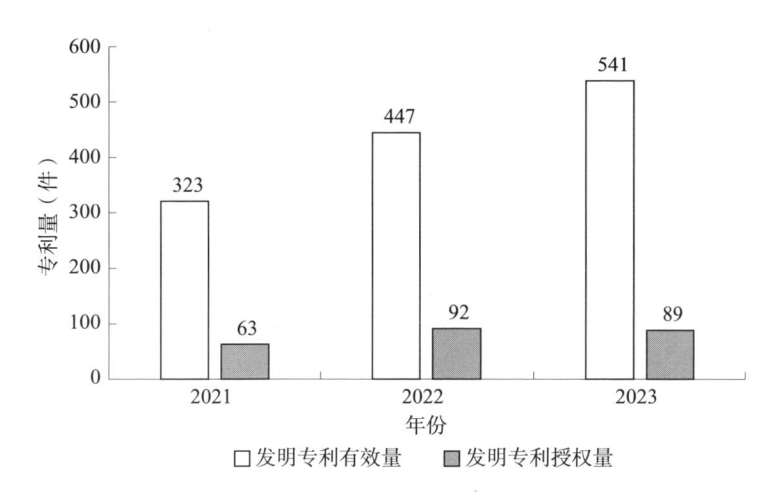

图 5-2-16　2021—2023 年泉州市 A 股上市公司发明专利授权量和有效量

从发明专利覆盖率来看,2023 年泉州市 10 家 A 股上市公司中有 8 家公司的发明专利获得授权,占公司总数的 80%,较 2022 年提高 10 个百分点;截至 2023 年底,泉州市共有 9 家 A 股上市公司拥有有效发明专利,有效发明专利覆盖率为 90%。从发明专利平均拥有量来看,截至 2023 年底泉州市 A 股上市公司发明专利平均拥有量为 54.1 件,较 2022 年(44.7 件)增长 9.4 件。2023 年泉州市 A 股上市公司发明专利授权量和有效量覆盖率如图 5-2-17 所示。

图 5-2-17　2023 年泉州市 A 股上市公司发明专利授权量和有效量覆盖率

从 A 股上市公司研发投入和创新产出来看,如图 5-2-18 所示,截至 2023 年,泉州市 A 股上市公司每亿元营业收入发明专利有效量为 3.4 件,较 2022 年(2.9 件)增长 0.5 件,较 2023 年福建省 A 股上市公司每亿元营业收入发明专利有效量(3.9 件)少 0.5 件。

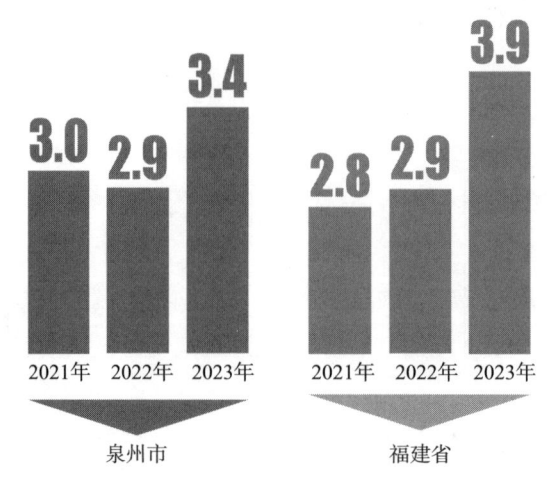

图 5-2-18　2021—2023 年泉州市 A 股上市公司
每亿元营业收入发明专利有效量（单位：件）

2023 年泉州市 A 股上市公司共有 89 件发明专利获得授权，如图 5-2-19 所示，其中排名第 1 位的南威软件股份有限公司发明专利授权量为 34 件，其次为福建火炬电子科技股份有限公司（22 件）和福建纳川管材科技股份有限公司（20 件）。

公司	件数
南威软件股份有限公司	34
福建火炬电子科技股份有限公司	22
福建纳川管材科技股份有限公司	20
福建南方路面机械股份有限公司	5
永悦科技股份有限公司	3
嘉亨家化股份有限公司	2
福建冠福现代家用股份有限公司	2
福建省燕京惠泉啤酒股份有限公司	1

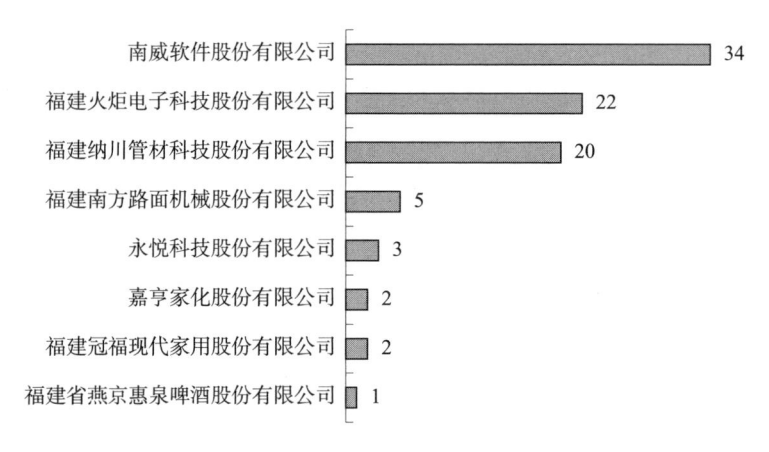

图 5-2-19　2023 年泉州市 A 股上市公司发明专利授权量（单位：件）

截至 2023 年底，泉州市 A 股上市公司合计拥有发明专利有效量 541 件，如图 5-2-20 所示，其中南威软件股份有限公司以 266 件有效发明专利遥遥领先，是唯一一家超百件的企业，发明专利有效量是排名第 2 位的福建火炬电子科技股份有限公司（91 件）的近 3 倍，占泉州 A 股上市公司有效发明总量的近 5 成，说明泉州市 A 股上市公司发明专利拥有量集中程度较高。

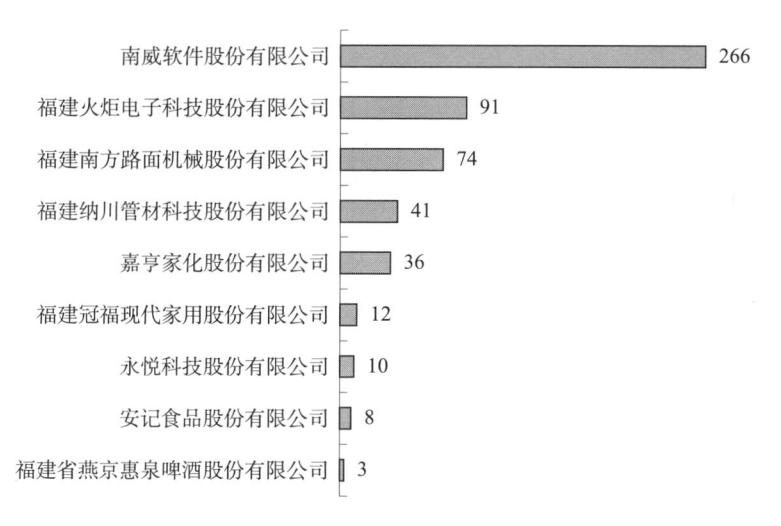

公司	数量
南威软件股份有限公司	266
福建火炬电子科技股份有限公司	91
福建南方路面机械股份有限公司	74
福建纳川管材科技股份有限公司	41
嘉亨家化股份有限公司	36
福建冠福现代家用股份有限公司	12
永悦科技股份有限公司	10
安记食品股份有限公司	8
福建省燕京惠泉啤酒股份有限公司	3

图 5-2-20 截至 2023 年底泉州市 A 股上市公司发明专利有效量（单位：件）

五、产业龙头企业专利活动

截至 2023 年底，泉州市 351 家产业龙头企业共拥有有效发明专利 3370 件，有效发明专利量较 2022 年同比增长 22.8%，占全市企业发明专利有效量的 25.4%。如图 5-2-21 所示，2023 年泉州市产业龙头企业发明专利授权量为 714 件，较上年同比增长 1.7%，2021—2023 年 3 年累计授权发明专利 1931 件，3 年年均增速高达 17.7%。

截至 2023 年底，泉州市共有 248 家产业龙头企业拥有发明专利，覆盖率为 70.7%，如图 5-2-22 所示，其中 5 家企业发明专利有效量在百件以上，拥有 300 件以上有效发明专利的企业仅有九牧厨卫股份有限公司（316 件）一家企业，福建恒安集团有限公司（129 件）和茂泰（福建）鞋材有限公司（128 件）位居第 2、3 位；有效发明排名前 10 位的产业龙头企业中，2023 年获得发明专利授权最多的为九牧厨卫股份有限公司（90 件），其次为福建省晋华集成电路有限公司（44 件）。

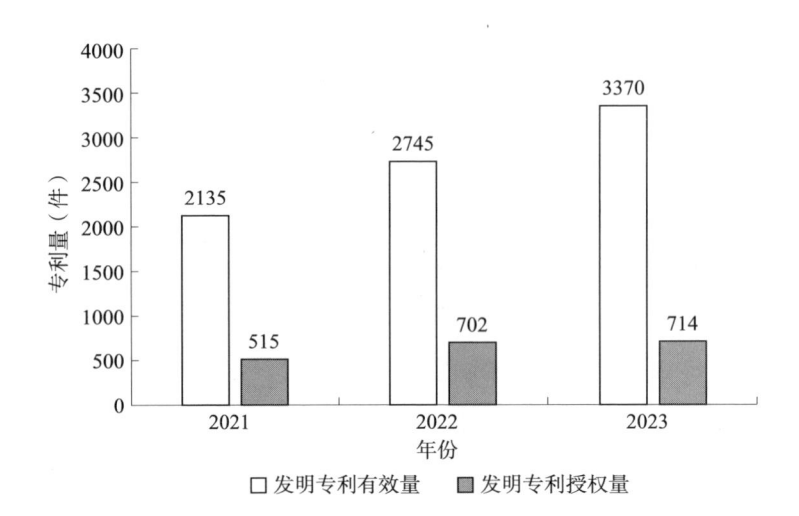

图 5-2-21　2021—2023 年泉州市产业龙头企业发明专利授权量和有效量

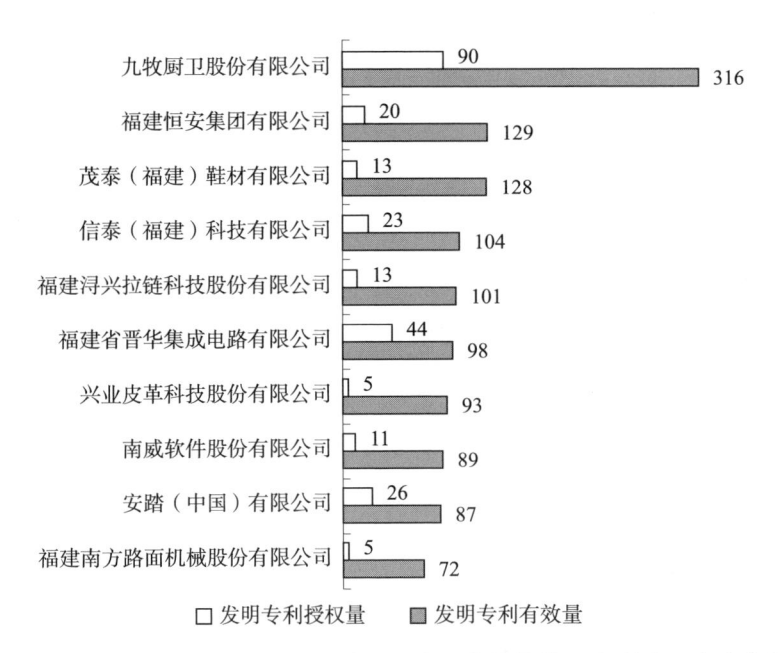

图 5-2-22　截至 2023 年底泉州市发明专利有效量前 10 位的产业龙头企业发明专利有效量和 2023 年发明专利授权量（单位：件）

六、重点企业专利活动

截至 2023 年，泉州市拥有有效发明专利的企业共有 9043 家，拥有商标的企业共有 42510 家，市场创新主体相对创新高度为 2.4，在 C23 城市中排名第 2 位，宁德市、泉州市和郑州市相对创新高度居 C23 城市前 3 位，其中宁德市拥有有效发明专利的企业数量和拥有商标的企业数量分别为 928 家、5287 家。城市市场创新主体相对创新高度排名情况如表 5-2-6 所示。

表 5-2-6 市场创新主体相对创新高度排名情况

城市	市场创新主体相对创新高度		C23 城市排名	
	2023 年	2022 年	2023 年	2022 年
宁德	4.2	5.7	1	1
泉州	2.4	4.7	2	2
郑州	2.0	2.5	3	4
广州	1.9	2.6	4	3
成都	1.7	2.0	5	7
福州	1.6	2.2	6	5
厦门	1.5	2.2	7	5
长沙	1.5	1.9	7	9
西安	1.4	1.3	9	15
杭州	1.2	1.6	10	10
济南	1.2	1.5	10	12
深圳	1.1	1.6	12	10
青岛	1.1	1.5	12	12
佛山	1.0	1.4	14	14
温州	1.0	2.0	14	7
南通	1.0	0.9	14	20
武汉	1.0	1.2	14	16
合肥	0.9	1.2	18	16
东莞	0.7	1.0	19	18
南京	0.7	0.8	19	21
宁波	0.7	1.0	19	18
苏州	0.5	0.8	22	21
无锡	0.5	0.6	22	23

第三节 专利与产业匹配度状况

一、战略性新兴产业创新状况

2023年,泉州市共有705件战略性新兴产业发明专利获得授权,其中以新一代信息技术产业居多,发明专利授权量占泉州市全部战略性新兴产业发明专利授权量的比重为47.9%,其次是新材料产业(13.4%)和高端装备制造业(12.0%),泉州市战略性新兴产业其余一级产业2023年发明专利授权量均在80件以下。截至2023年底,泉州市共拥有战略性新兴产业有效发明专利2864件,较上年同比增长27.2%,其中新一代信息技术产业、新材料产业、生物产业、高端装备制造业所占比重均超一成,分别为36.5%、17.4%、16.9%、12.2%,泉州市节能环保产业和新能源产业有效发明专利量也均在百件以上,其余产业发明专利有效量在50件以下。泉州市战略性新兴产业发明专利授权量和有效量如图5-3-1所示。

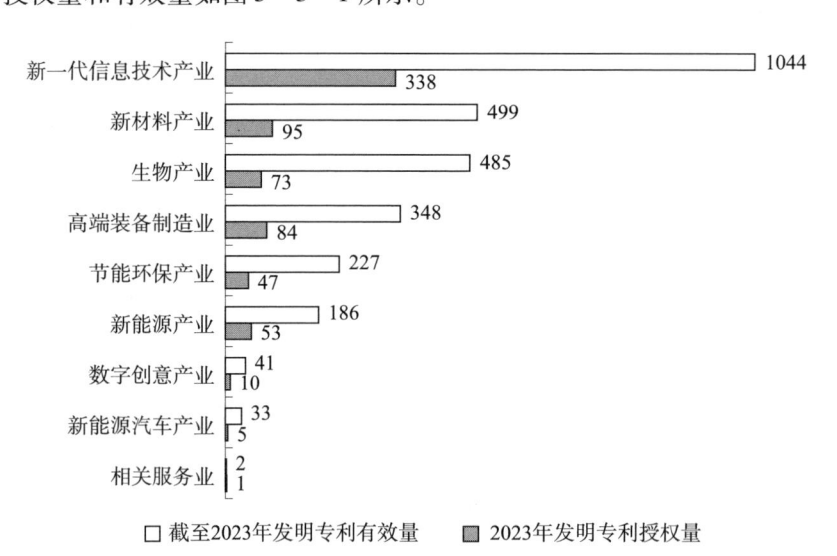

产业	截至2023年发明专利有效量	2023年发明专利授权量
新一代信息技术产业	1044	338
新材料产业	499	95
生物产业	485	73
高端装备制造业	348	84
节能环保产业	227	47
新能源产业	186	53
数字创意产业	41	10
新能源汽车产业	33	5
相关服务业	2	1

图5-3-1 泉州市战略性新兴产业发明专利授权量和有效量(单位:件)

如表 5-3-1 所示，截至 2023 年底，泉州市战略性新兴产业有效发明专利量在 C23 城市中排名第 22 位，较 2022 年没有变化，深圳市居 C23 城市首位，战略性新兴产业有效发明专利量超 10 万件，杭州市、南京市、广州市均超 4 万件，武汉市、苏州市、成都市均超 3 万件。

从有效发明专利中战略性新兴产业所占比重来看，截至 2023 年底泉州市占比为 14.4%，较 2022 年下降 1.5 个百分点，2023 年占比在 C23 城市中排名第 22 位，较 2022 年下降 1 位，高于温州市。

与全国战略性新兴产业有效发明专利水平相比较，2023 年泉州市战略性新兴产业相对优势指数为 0.46，在 C23 城市中排名 22 位，较 2022 年下降 1 位，高于温州市（0.42）。

从战略性新兴产业有效发明专利量同比增速来看，截至 2023 年底泉州市战略性新兴产业有效发明专利量较去年同比增长 27.2%，在 C23 城市中排名第 4 位，战略性新兴产业有效发明专利量居 C23 城市前 3 位的深圳市（17.9%）、杭州市（22.3%）、南京市（26.8%）则分列第 18 位、第 14 位、第 5 位，在 C23 城市中，泉州市战略性新兴产业虽然核心专利数量较少，但发展速度较快。

如表 5-3-2 所示，2023 年泉州市战略性新兴产业发明专利授权量为 705 件，在 C23 城市中排名第 22 位，较 2022 年没有变化，C23 城市中居首位的深圳市战略性新兴产业发明专利授权量超 2 万件，为 25862 件，排名第 2、3 和 4 位的广州市、杭州市、南京市发明专利授权也超过万件；从战略性新兴产业发明专利授权量增长情况来看，2023 年泉州市同比增速为 29.6%，在 C23 城市中排名第 6 位，处于中上游水平，且高于战略性新兴产业发明专利授权量远高于泉州市的深圳市、广州市、杭州市、南京市。

企业是泉州市战略性新兴产业发明专利创造的核心力量，如表 5-3-3 所示，截至 2023 年底，泉州市拥有战略性新兴产业发明专利的企业专利权人数量为 815 个，在 C23 城市中排名第 22 位，排名较 2022 年没有变化；截至 2023 年底，泉州市战略性新兴产业有效发明专利企业专利权人占比为 15.7%，较 2022 年下降 4.6 个百分点，在 C23 城市中排名第 22 位，较 2022 年位次不变。

表 5-3-1 战略新兴产业相关创新数据及排名情况

城市	战略性新兴产业有效发明专利量（件）		C23 城市排名		有效发明专利量中战略性新兴产业占比（%）		C23 城市排名		战略性新兴产业相对优势指数		C23 城市排名		战略性新兴产业有效发明专利量同比增速（%）与C23 城市排名		C23 城市排名
	2023 年	2022 年	2023 年	2022 年	2023 年	2022 年	2023 年	2022 年	2023 年	2022 年	2023 年	2022 年	2023 年		
深圳	141502	119982	1	1	46.2	49.1	1	1	1.46	1.65	1	1	17.9	18
杭州	51181	41845	2	2	33.4	34.2	7	7	1.06	1.15	7	7	22.3	14
南京	48520	38267	3	4	32.7	33.0	8	9	1.04	1.11	8	9	26.8	5
广州	47352	39307	4	3	33.9	34.7	6	6	1.07	1.17	6	6	20.5	15
武汉	39389	33064	5	5	34.0	35.0	5	5	1.08	1.18	5	5	19.1	16
苏州	35606	27603	6	7	34.8	35.6	4	3	1.10	1.19	4	3	29.0	2
成都	35399	28208	7	6	27.8	26.9	13	14	0.88	0.90	13	14	25.5	7
东莞	29406	23852	8	9	31.2	31.8	10	10	0.99	1.07	10	10	23.3	12
西安	27478	24897	9	8	41.4	42.9	2	2	1.31	1.44	2	2	10.4	23
合肥	18097	13934	10	10	26.5	25.8	14	16	0.84	0.86	14	16	29.9	1
长沙	17289	13871	11	11	26.4	25.9	16	15	0.84	0.87	16	15	24.6	9
青岛	17082	13841	12	12	22.6	23.2	18	17	0.72	0.78	18	17	23.4	11
济南	17077	13331	13	13	28.8	29.4	12	11	0.91	0.99	12	11	28.1	3
无锡	15197	12357	14	14	26.5	27.5	14	13	0.84	0.92	14	13	23.0	13
郑州	10668	8540	15	16	28.9	28.1	11	12	0.91	0.94	11	12	24.9	8
宁波	10094	8596	16	15	17.6	18.3	19	18	0.56	0.62	19	18	17.4	19
厦门	9880	8469	17	17	35.2	35.5	3	4	1.12	1.19	3	4	16.7	20
福州	9622	8424	18	18	31.9	33.8	9	8	1.01	1.14	9	8	14.2	22
南通	8201	6884	19	19	23.9	18.1	17	19	0.76	0.61	17	19	19.1	16
佛山	7932	6269	20	20	14.9	14.8	21	23	0.47	0.50	21	23	26.5	6
温州	4354	3762	21	21	13.3	15.3	23	22	0.42	0.51	23	22	17.4	21
泉州	2864	2251	22	22	14.4	15.9	22	21	0.46	0.53	22	21	27.2	4
宁德	620	502	23	23	15.1	16.9	20	20	0.48	0.57	20	20	23.5	10

表 5-3-2　战略性新兴产业发明专利授权及排名情况

城市	战略性新兴产业发明专利授权量（件）		C23 城市排名		战略性新兴产业发明专利授权量同比增速（%）与 C23 城市排名	
	2023 年	2022 年	2023 年	2022 年	2023 年	C23 城市排名
深圳	25862	23392	1	1	8.9	18
广州	12119	9545	2	4	23.8	7
杭州	11210	11076	3	2	13.3	15
南京	10078	10877	4	3	14.4	14
成都	9605	7995	5	6	31.1	5
苏州	7897	6921	6	7	33.5	2
武汉	7543	8639	7	5	5.4	20
西安	6865	6498	8	8	17.7	12
合肥	4926	4356	9	10	31.8	4
东莞	4743	4599	10	9	-9.7	23
济南	4243	3806	11	12	32.6	3
长沙	4145	3924	12	11	19.2	10
青岛	3906	3609	13	13	22.8	8
无锡	3167	2354	14	15	44.2	1
郑州	2493	2406	15	14	5.1	21
佛山	1935	1489	16	19	21.5	9
宁波	1806	1888	17	18	7.8	19
福州	1750	1993	18	17	9.0	17
厦门	1699	2038	19	16	11.5	16
南通	1526	1331	20	20	18.0	11
温州	733	739	21	21	-8.9	22
泉州	705	605	22	22	29.6	6
宁德	144	86	23	23	16.0	13

表 5-3-3　战略性新兴产业有效发明专利企业专利权人数量和占比及排名情况

城市	战略性新兴产业有效发明专利企业专利权人数量（个）		C23 城市排名		占地区拥有发明专利的企业专利权人数量比重（%）		C23 城市排名	
	2023 年	2022 年	2023 年	2022 年	2023 年	2022 年	2023 年	2022 年
深圳	11989	9390	1	1	41.7	41.4	3	2
苏州	7201	5680	2	2	36.0	35.4	11	7
广州	6263	4972	3	3	39.9	35.2	5	8

续表

城市	战略性新兴产业有效发明专利企业专利权人数量（个）		C23 城市排名		占地区拥有发明专利的企业专利权人数量比重（%）		C23 城市排名	
	2023 年	2022 年	2023 年	2022 年	2023 年	2022 年	2023 年	2022 年
杭州	5755	4567	4	4	36.9	33.2	9	10
南京	5596	4525	5	5	43.9	38.8	2	3
成都	4131	3182	6	6	44.2	41.7	1	1
武汉	3349	2668	7	7	40.7	37.9	4	4
无锡	3043	2337	8	8	33.5	35.6	15	6
南通	2610	2090	9	10	37.4	32.9	6	14
宁波	2592	2144	10	9	27.0	28.6	17	16
合肥	2288	1775	11	11	35.7	30.2	12	15
西安	2274	1664	12	14	37.3	35.8	7	5
长沙	2169	1681	13	13	36.4	33.0	10	13
东莞	2046	1725	14	12	25.0	27.3	19	18
济南	1971	1474	15	16	34.3	33.1	14	11
佛山	1939	1597	16	15	22.4	22.6	20	20
青岛	1797	1401	17	17	26.6	27.7	18	17
厦门	1416	1155	18	18	37.0	34.3	8	9
温州	1388	1074	19	19	15.2	18.5	23	23
郑州	1280	967	20	20	35.2	26.4	13	19
福州	1070	863	21	21	31.0	33.1	16	12
泉州	815	653	22	22	15.7	20.3	22	22
宁德	81	67	23	23	20.0	20.6	21	21

二、现代产业体系创新状况

泉州市推进产业链供应链优化升级，加快构建具有区域竞争力的现代产业体系，坚持把发展经济着力点放在实体经济上，建设制造强市、质量强市、网络强市和数字泉州，推进新经济拓展、传统产业链提升，优化产业生态圈，培优做强纺织鞋服、石油化工、建材家居、机械装备、电子信息、健康食品六大主导产业，培育壮大新材料、新能源、生物医药三大战略性新兴产业，加快发展数字服务、商贸物流、文化旅游、健康服务、金融服务五大现代服务业，打造"六三五"产业新体系，在全省发展现代产业体系中发挥主力军作用，着力建设全国一流的先进制造业中心和全球新制造重要基地。

如图5-3-2所示,2019—2023年,泉州市现代产业体系专利授权量中,机械装备行业始终领先,5年累计授权专利6283件,其中2023年专利授权量为1892件,相较于2022年授权量增加581件,同比增长44.3%,且5年内年均增长率为20.7%。健康食品2019—2023年每年专利授权量均超500件,其中2023年健康食品专利授权量为1207件,较2022年同比增速为33.8%。石油化工产业5年累计获得授权专利1525件,5年年均增长率为17.0%。

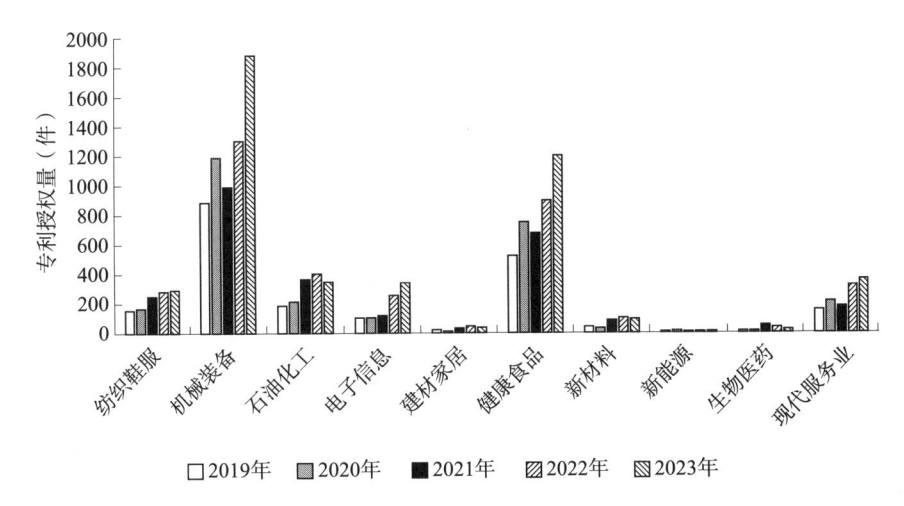

图5-3-2 2019—2023年泉州市现代产业体系专利授权量

如图5-3-3所示,截至2023年底,泉州市现代产业体系中机械装备有效专利量超万件,为10063件;其中新能源增长最快,较上年同比增速为96.3%,其次是电子信息(49.5%)和机械装备(44.5%),健康食品产业有效专利量为6404件,同比增长37.8%,增速在现代产业体系中居第4位。与全国产业有效专利量相比较,纺织鞋服、健康食品、机械装备、建材家居、新材料处于优势状态,相对优势指数分别为8.1、1.7、1.5、1.4和1.4,其余产业相对优势指数在1.0以下。

如图5-3-4所示,从增长贡献率来看,机械装备专利授权量和有效专利量对泉州市全市专利量的增长贡献均居首位,贡献率分别为73.0%、95.7%,其次是健康食品,专利授权量和有效专利量增长贡献率分别为38.3%、54.2%。纺织鞋服、机械装备、石油化工、建材家居、健康食品、新材料、新能源和生物医药均是有效专利量增长贡献率高于专利授权,仅电子信息和现代服务业两个产业是专利授权高于有效专利增长贡献率。

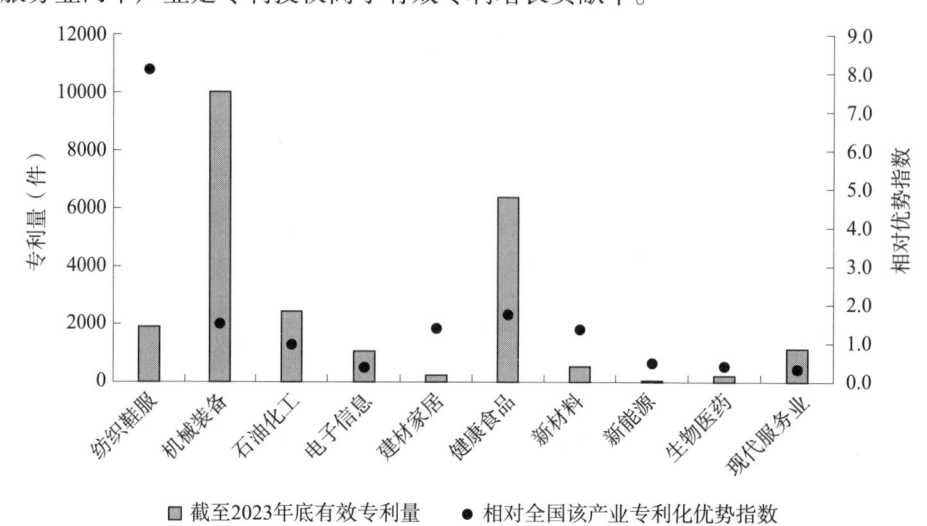

图 5-3-3　截至 2023 年泉州市现代产业体系有效专利量和相对优势指数

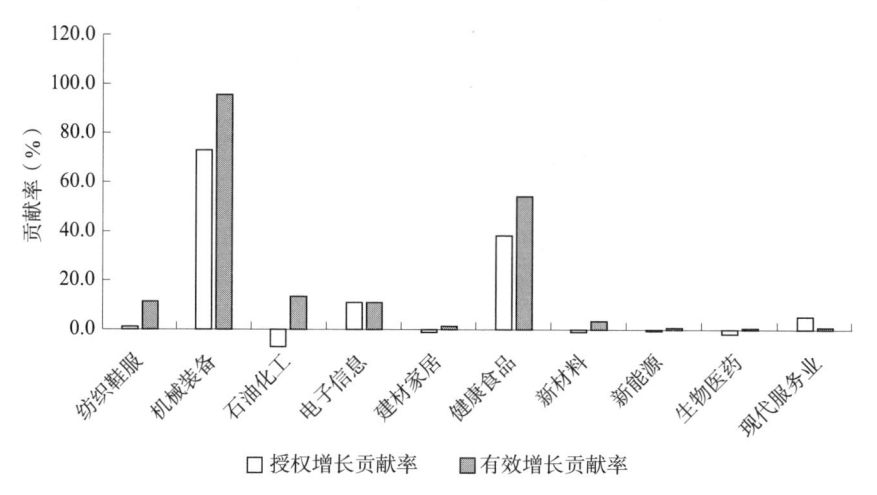

图 5-3-4　2023 年较 2022 年泉州市现代产业体系专利授权量和有效量对于全市专利量的贡献率

三、工业活动与专利匹配度状况

如图 5-3-5 所示，2023 年泉州市具有产值贡献的 37 个工业大类中，产值贡献具有相对专业优势的产业共有 15 个（产值区位熵≥1），其中产值区位

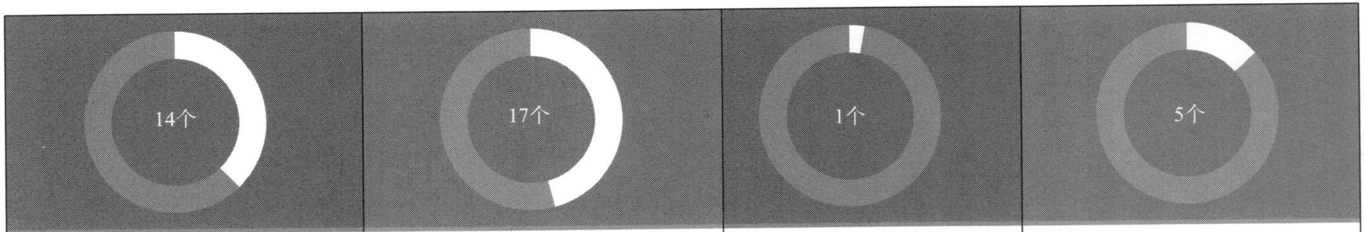

14个	17个	1个	5个
食品制造业 酒、饮料和精制茶制造业 纺织业 纺织服装、服饰业 皮革、毛皮、羽毛及其制品和制鞋业 家具制造业 造纸和纸制品业 印刷和记录媒介复制业 文教、工美、体育和娱乐用品制造业 化学纤维制造业 橡胶和塑料制品业 非金属矿物制品业 其他制造业 废弃资源综合利用业	煤炭开采和洗选业 黑色金属矿采选业 有色金属矿采选业 非金属矿采选业 农副食品加工业 化学原料和化学制品制造业 医药制造业 黑色金属冶炼和压延加工业 有色金属冶炼和压延加工业 汽车制造业 铁路、船舶、航空航天和其他运输设备制造业 电气机械和器材制造业 计算机、通信和其他电子设备制造业 仪器仪表制造业 电力、热力生产和供应业 燃气生产和供应业 水的生产和供应业	石油加工、炼焦和核燃料加工业	木材加工和木、竹、藤、棕、草制品业 金属制品业 通用设备制造业 专用设备制造业 金属制品、机械和设备修理业
产值区位熵≥1 专利区位熵≥1	产值区位熵<1 专利区位熵<1	产值区位熵≥1 专利区位熵<1	产值区位熵<1 专利区位熵≥1
相对优势产业	一般产业	相对优势产业	一般产业

图5-3-5 泉州市工业产业产值与专利规模的匹配情况

熵和专利区位熵处于匹配状态的产业有 14 个，为食品制造业，酒、饮料和精制茶制造业，纺织业，纺织服装、服饰业，皮革、毛皮、羽毛及其制品和制鞋业，家具制造业，造纸和纸制品业，印刷和记录媒介复制业，文教、工美、体育和娱乐用品制造业，化学纤维制造业，橡胶和塑料制品业，非金属矿物制品业，其他制造业，废弃资源综合利用业。

（一）产业产值和专利饱和度

专利饱和产业占比是指区域产业门类中进入专利饱和状态的产业数量占区域产业数量的比重。专利饱和产业越多，意味着需要针对性调整专利政策或审视技术创新现状的产业越多。专利饱和产业占比为逆向指标。根据国民经济行业分类，以各区域具有发明专利的产业大类为基数，统计各大类产业的有效发明专利权人密度和有效发明专利份额，以各产业大类国外来华有效发明专利作为判断是否处于专利饱和的基准值。

泉州市 2023 年在 41 个国民经济大类行业中有 39 个行业拥有发明专利和专利权人，其中饱和产业共有 12 个，其余 27 个产业均处于专利不饱和状态，专利饱和产业占比为 30.8%。2021—2023 年泉州市工业产业专利饱和状况对比如图 5-3-6 所示。

图 5-3-6 泉州市工业产业专利饱和状况

（二）产业专利密集度达标程度

产业专利密集度达标比是指区域产业大类从业人员专利产出密度与全国整体从业人员专利产出密度的比值，达标比越高反映出地区参与产业活动的人员创新活跃度越高，针对达标比下降或较低的产业需应给予重点关注。

泉州市 2022 年有 192 万人布局到国民经济行业 36 个大类，对应 2023 年拥有区域发明专利拥有量密集度的产业共有 34 个，密集度达标的共有 10 个产业大类，2023 年泉州市专利密集度达标的产业大类占比为 29.4%。2021—2023 年泉州市工业产业专利密集度达标产业大类如图 5-3-7 所示。

36.1%　　　　28.6%　　　　29.4%

2021年　　　　2022年　　　　2023年

纺织业；木材加工和木、竹、藤、棕、草制品业；家具制造业；金属制品业；专用设备制造业；汽车制造业；铁路、船舶、航空航天和其他运输设备制造业；电气机械和器材制造业；仪器仪表制造业；废弃资源综合利用业；金属制品、机械和设备修理业；电力、热力生产和供应业；燃气生产和供应业

农副食品加工业；食品制造业；酒、饮料和精制茶制造业；纺织服装、服饰业；皮革、毛皮、羽毛及其制品和制鞋业；石油加工、炼焦和核燃料加工业；化学原料和化学制品制造业；非金属矿物制品业；金属制品业；汽车制造业

农副食品加工业；食品制造业；酒、饮料和精制茶制造业；纺织服装、服饰业；皮革、毛皮、羽毛及其制品和制鞋业；石油加工、炼焦和核燃料加工业；化学原料和化学制品制造业；非金属矿物制品业；金属制品业；汽车制造业

图 5-3-7　泉州市工业产业专利密集度达标产业大类

（三）工业产业活动与专利活动总体匹配度

根据产业"专利-匹配-饱和/密度"（P-MS/D）模型，产业活动与专利活动的匹配是个综合性概念，包括产业活动与专利数量规模的匹配，也包括产业活动与专利权人分布结构的匹配。产业专利规模匹配度反映了产业产值规模与专利存量规模之间的匹配程度，产业专利饱和度反映了产业专利权人分布的集中和分散程度。将两者结合形成"专利-匹配-饱和"二元矩阵，所有产业均可落入矩阵的 4 个象限中，同时按照匹配到偏离的严重程度，可以给出产业活动与专利活动匹配监测的预警等级：

绿色运行区：指第一象限（A 区），表示产业活动与专利活动匹配，即产业产值规模与专利规模相对匹配，专利活动未饱和，无需专利政策调整，只需加强监测即可。

橙色预警区：包括第二象限（B区）和第四象限（D区），表示产业活动与专利活动有一定的偏离。具体包括：B区产业产值规模与专利规模匹配，但进入专利饱和状态，专利权人分布分散，需要调整专利分布结构；D区产业专利权人分布程度合适，但产业产值规模与专利规模不匹配，需要调整专利规模。

红色预警区：指第三象限（C区），表示产业活动与专利活动严重偏离，产业产值规模与专利规模不匹配，同时产业专利权人分布较为分散，需要同时调整专利规模和专利分布结构。

根据"专利-匹配-饱和"（P-MS）模型，泉州市有产值和专利贡献的37个工业门类中，工业产业与专利活动匹配程度监测状态为绿色的产业数量为22个，占比为59.5%。其中主导产业共有9个：食品制造业，酒、饮料和精制茶制造业，纺织服装、服饰业，家具制造业，造纸和纸制品业，印刷和记录媒介复制业，文教、工美、体育和娱乐用品制造业，化学纤维制造业，废弃资源综合利用业；一般产业共有13个：煤炭开采和洗选业，黑色金属矿采选业，有色金属矿采选业，非金属矿采选业，农副食品加工业，医药制造业，黑色金属冶炼和压延加工业，有色金属冶炼和压延加工业，汽车制造业，铁路、船舶、航空航天和其他运输设备制造业，电力、热力生产和供应业，燃气生产和供应业，水的生产和供应业。

上述产业产值与专利规模较为匹配，产业专利权人分布结构尚未饱和，主要专利策略为加强产业专利活动的数据监测。

根据"专利-匹配-饱和"（P-MS）模型，泉州市有产值和专利贡献的37个工业门类中，工业产业与专利活动匹配程度监测状态为橙色的产业数量为12个，占比为32.4%。其中主导产业共有6个：纺织业，皮革、毛皮、羽毛及其制品和制鞋业，橡胶和塑料制品业，非金属矿物制品业，其他制造业，石油加工、炼焦和核燃料加工业；一般产业共有6个：化学原料和化学制品制造业，电气机械和器材制造业，计算机、通信和其他电子设备制造业，仪器仪表制造业，木材加工和木、竹、藤、棕、草制品业，金属制品、机械和设备修理业。

上述产业产值与专利规模不匹配，产业专利权人分布结构尚未饱和，主要专利策略为加强产业专利活动的数据监测，控制产业专利规模。

泉州市工业产业与专利活动匹配程度处于红色预警（即产业活动与专利活动严重偏离）的产业数量共3个，为金属制品业、通用设备制造业、专用设备制造业。这些产业活动与专利活动严重偏离，产业产值规模与专利规模不匹配，同时产业专利权人分布较为分散，需要同时调整专利规模和专利分布结构。2023年泉州市"专利-匹配-饱和/密度"（P-MS/D）模型分析结果如表5-3-4所示。

表5-3-4 2023年泉州市"专利-匹配-饱和/密度"（P-MS/D）模型分析结果

总体匹配状况	预警级别	工业产业名称	专利策略
匹配、不饱和、主导产业	●●	食品制造业	持续监测，加强关键技术领域创新
		酒、饮料和精制茶制造业	
		纺织服装、服饰业	
		家具制造业	
		造纸和纸制品业	
		印刷和记录媒介复制业	
		文教、工美、体育和娱乐用品制造业	
		化学纤维制造业	
		废弃资源综合利用业	
匹配、不饱和、一般产业	●	煤炭开采和洗选业	持续监测，加强技术成果转化
		黑色金属矿采选业	
		有色金属矿采选业	
		非金属矿采选业	
		农副食品加工业	
		医药制造业	
		黑色金属冶炼和压延加工业	
		有色金属冶炼和压延加工业	
		汽车制造业	
		铁路、船舶、航空航天和其他运输设备制造业	
		电力、热力生产和供应业	
		燃气生产和供应业	
		水的生产和供应业	

续表

总体匹配状况	预警级别	工业产业名称	专利策略
匹配、饱和、主导产业	●●	纺织业	调整专利分布结构，增加专利规模
		皮革、毛皮、羽毛及其制品和制鞋业	
		橡胶和塑料制品业	
		非金属矿物制品业	
		其他制造业	
匹配、饱和、一般产业	●	化学原料和化学制品制造业	调整专利分布结构，增加专利规模
		电气机械和器材制造业	
		计算机、通信和其他电子设备制造业	
		仪器仪表制造业	
不匹配、不饱和、主导产业	●●	石油加工、炼焦和核燃料加工业	持续监测，加大研发投入，布局重点核心技术，增加专利规模
不匹配、不饱和、一般产业	●	木材加工和木、竹、藤、棕、草制品业	持续监测，控制专利规模
		金属制品、机械和设备修理业	
不匹配、饱和、一般产业	●	金属制品业	调整专利结构，控制专利规模
		通用设备制造业	
		专用设备制造业	

2023年，泉州市主导产业产值与专利匹配度为93.3%，在C23城市中排名第1位，较2022年排名无变化，温州市、郑州市分别以87.5%、81.8%位列第2位和第3位。

2023年，泉州市产业中有30.8%的产业处于产业与专利的饱和状态，在C23城市中位列第1位，较2022年排名无变化。

2023年，泉州市产业专利密集度达标比为29.4%，在C23城市中排名第19位，较2022年没有变化，南京市、合肥市、杭州市产业专利密集度达标比分别为100.0%、100.0%、97.3%，位列C23城市排名前3位。工业产业活动创新匹配度排名情况如表5-3-5所示。

表 5-3-5 工业产业活动创新匹配度及排名情况

城市	主导产业产值与专利匹配度（%）		C23 城市排名		产业专利饱和度（%）		C23 城市排名		产值专利密集度达标比		C23 城市排名	
	2023 年	2022 年	2023 年	2022 年	2023 年	2022 年	2023 年	2022 年	2023 年	2022 年	2023 年	2022 年
泉州	93.3	92.9	1	1	30.8	31.6	1	1	29.4	28.6	19	19
温州	87.5	80.0	2	5	20.0	20.5	3	2	65.6	66.7	13	12
郑州	81.8	88.9	3	2	16.7	14.6	7	8	80.6	83.3	11	11
宁波	75.0	80.0	4	5	22.0	17.9	2	5	55.9	57.6	15	15
长沙	73.3	69.2	5	13	2.4	2.4	21	21	91.4	91.4	7	7
福州	73.3	73.3	5	10	12.2	12.5	11	13	55.9	64.7	15	13
南通	73.3	86.7	5	3	20.0	20.5	3	2	67.6	58.8	12	14
厦门	71.4	54.5	8	18	16.7	17.1	8	7	46.9	40.6	17	17
佛山	70.6	78.6	9	7	17.5	18.4	5	4	34.4	34.4	18	18
杭州	70.0	81.3	10	4	12.2	12.5	11	13	97.3	93.9	3	6
无锡	68.8	71.4	11	12	14.6	12.8	10	12	63.6	57.6	14	15
广州	68.4	62.5	12	16	11.9	14.6	14	8	82.9	94.3	10	4
苏州	62.5	75.0	13	8	17.5	17.9	5	5	—	—	—	—
成都	57.9	73.3	14	10	11.9	12.2	14	16	—	—	—	—
西安	57.1	57.1	15	17	0.0	0.0	22	22	94.3	91.4	5	7
济南	55.6	66.7	16	14	12.2	12.5	11	13	97.2	97.2	4	3
东莞	53.8	50.0	17	20	15.0	13.2	9	11	29.4	26.5	19	21
武汉	53.3	75.0	18	8	0.0	0.0	22	22	94.3	94.3	5	4
青岛	52.6	43.8	19	22	4.8	7.3	20	19	87.9	90.9	9	9
深圳	50.0	50.0	20	20	11.9	14.6	14	8	88.9	88.9	8	10
南京	50.0	53.8	20	19	7.1	7.3	18	19	100.0	100.0	1	1
合肥	50.0	66.7	20	14	9.5	9.8	17	18	100.0	97.3	1	2
宁德	37.5	28.6	23	23	6.1	12.1	19	17	27.6	27.6	21	20

第六章 泉州市创新发展路径

通过综合分析泉州市知识产权现状、创新发展质量状况等内容,提炼泉州市创新发展的优势和不足,以进一步发挥泉州市创新优势、全方位补全创新发展劣势为引导,紧抓泉州市国家知识产权运营服务体系建设重点城市和知识产权强市建设示范城市战略契机,围绕泉州市开展创新发展路径分析,为泉州市知识产权强市建设提供政策支撑。

第一节 创新发展特点

一、泉州市创新发展优势

(一)创新发展基础良好

一是顶层引领作用较强,政策支撑力度较大。中共泉州市委、泉州市人民政府高度重视知识产权工作,"十四五"以来已出台《泉州市"十四五"知识产权发展专项规划》《泉州市人民政府关于促进知识产权高质量发展的若干意见》《泉州市"十四五"科技创新发展专项规划》等多项科技创新和知识产权相关政策。其中,《泉州市"十四五"知识产权发展专项规划》中强调,要加强知识产权保护,构建知识产权运营体系、公共服务体系和保护体系,强化知识产权全链条保护,高效运行泉州市知识产权保护中心,深化国家知识产权运营服务体系建设重点城市工作。

二是经济发展能级跃升,为科技创新保驾护航。泉州市地区生产总值在

2020年跨入万亿元城市行列，达10158.66亿元，连续22年保持福建省首位。"十四五"期间，泉州市地区生产总值更是实现新的跃升，泉州市2023年地区生产总值为12172.33亿元，略低于福州市，排在全省第2位，占福建省全省经济总量的22.39%，比上年增长4.8%。其中，第一产业增加值为261.66亿元，增长3.9%；第二产业增加值为6469.12亿元，增长4.1%；第三产业增加值为5441.55亿元，增长5.7%。

三是产业转型升级取得新进展，现代化产业体系建设有序进行。"十三五"以来，泉州市积极推进产业集群高质量发展，形成纺织服装、鞋业、石油化工、机械装备、建材家居、食品饮料、工艺制品、纸业印刷和电子信息等9个千亿产业集群。"十四五"前中期，泉州市持续推动制造业高质量发展，加快产业数字化步伐，大力发展战略性新兴产业，并以智能制造为主攻方向，推动互联网、大数据、人工智能等新一代信息技术与制造业深度融合，培育制造业发展新动能，形成强有力的产业支撑。

四是大力实施科技创新驱动发展战略，助力经济稳定增长。2023年泉州市科技创新资源进一步丰富，全市共拥有福建省科技"小巨人"企业716家，科技型中小企业2528家，省级新型研发机构27家，市级新型研发机构126家，全年共实施省、市各级各类科技计划项目328项，其中省级121项、市级207项。同时泉州市积极推进高等教育内涵发展，优化调整高校布局，全面提升办学综合实力和服务创新驱动发展能力。

五是加强人才培养引进，为创新发展蓄力赋能。泉州市坚持人才引进，重磅推出"涌泉"行动20条政策，涉及就业岗位、住房保障、子女教育、生活补贴、社保补助、创业支持、引才奖励等多方面，力促人口、人力、人才资源转化贯通。同时加强新生力量培养，2023年，泉州市深耕人才"港湾计划"和"涌泉"行动，新引进高层次人才团队15个、各类人才8万名。深入推行科技特派员制度，开展"科技特派员+"活动，推动实现乡镇科技特派员工作站服务全覆盖。

（二）科技创新产出良好

一是研发投入和创新产出处于对标城市上游。2023年，泉州市每亿元研发投入专利授权量为255.8件/亿元，在C23城市中排名第6位；2022年，泉州市每亿元研发投入专利授权量为303.4件/亿元，在C23城市中排名第6位。

2023 年，泉州市每万人年研发人员专利授权量为 8017.1 件/万人年，在 C23 城市中排名第 10 位；2022 年，泉州市每万人年研发人员专利授权量为 13242.1 件/万人年，在 C23 城市中排名第 6 位。泉州市 2023 年每亿元研发投入专利授权量和每万人年研发人员专利授权量均出现下降，但整体均处于对标城市上游水平。

二是科研团队发明专利拥有量覆盖率较高。截至 2023 年底，泉州市 18 所高校中有 17 所拥有有效发明专利，覆盖率为 94.4%，在 C23 城市中排名第 2 位，较 2022 年下降 1 位。截至 2023 年底，泉州市 115 所科研机构中有 74 所拥有有效发明专利，覆盖率为 64.3%，在 C23 城市中排名第 1 位，较 2022 年上升 3 位。

三是科研团队发明家占比大幅度增长。截至 2023 年底，泉州市高校发明人中有 23 人拥有高被引发明专利，高校发明家占比为 0.3%，领先宁德市。截至 2023 年底，泉州市拥有有效发明专利的科研机构发明人中有 20 人为高被引专利发明人，科研机构发明家占比为 3.4%，较 2022 年（1.7%）增长 1.7 个百分点，在 C23 城市中排名第 5 位，较 2022 年上升 9 位。

（三）企业创新领跑全市

一是企业发明人参与新兴产业发明创造占比较高。九大战略性新兴产业一级产业中，企业发明人数量占比均在 3 成以上，占比最高的前 3 个产业分别是新能源产业、节能环保产业和新材料产业，占比分别达到了 69.3%、67.1% 和 65.7%，均在 6 成以上。

二是企业参与新兴产业协同创新数量领先。泉州市战略性新兴产业合作申请专利量不高，8 个产业存在合作申请，但各产业第一申请人类型为企业的专利量占比均在 3 成以上（数字创意产业除外），占比最高的前 3 位产业分别是新能源产业、生物产业和节能环保产业，占比分别达到了 78.4%、70.0% 和 64.9%，均在 6 成以上。

三是重点创新主体平稳增长，在省内具有数量优势。2023 年，泉州市拥有 371 个重点创新主体，高于福州市和宁德市。2021—2023 年 3 年年均增长 8.2%，重点创新主体数量平稳增长。泉州市重点创新主体中企业共拥有有效发明专利 36116 件，占泉州重点创新主体发明专利拥有量的 85.3%。

（四）科技企业创新显著

一是参与发明创造的高新技术企业增多。2023 年，泉州市高新技术企业共拥有有效专利 79499 件，平均每家企业专利拥有量为 30.7 件，较 2022 年增加 7.3 件。截至 2023 年底，泉州市高新技术企业拥有有效发明专利 6464 件，发明专利平均拥有量为 2.61 件，较 2022 年增长 0.63 件。从专利覆盖率来看，2023 年泉州市 593 家高新技术企业获得发明专利授权，高新技术企业发明专利授权覆盖率为 24.0%，较 2022 年增长 5.9 个百分点；截至 2023 年底泉州市 1216 家高新技术企业拥有有效发明专利，高新技术企业有效发明专利覆盖率为 49.2%，较 2022 年增长 9.3 个百分点。

二是创新型中小企业创新活动得到快速发展。2023 年泉州市创新型中小企业为 467 家，发明专利授权量为 372 件，同比增长 2.5%；截至 2023 年底发明专利拥有量为 1477 件，同比增长 32.3%，且企业发明专利平均拥有量为 3.2 件，较 2022 年（2.4 件）增长 0.8 件。从发明专利覆盖程度来看，2023 年共有 168 家企业获得发明专利授权，覆盖率为 36.0%，较 2022 年增长 8.2 个百分点；截至 2023 年底有 341 家企业拥有有效发明专利，覆盖率为 73.0%，较 2022 年增长 11.8 个百分点。

三是科技"小巨人"企业发明覆盖率、专利授权量显著提升。截至 2023 年底，泉州市 349 家科技"小巨人"企业拥有有效发明专利，覆盖率为 73.9%，发明专利有效量为 2280 件，同比增长 33.1%，占全市企业发明专利有效量的 17.2%。2023 年泉州市科技"小巨人"企业发明专利授权量为 497 件，较上年同比增长 18.9%，2021—2023 年泉州市科技"小巨人"企业发明专利授权量年均增速高达 33.9%。

四是企业技术中心发明覆盖度超 8 成，创新集中程度明显。截至 2023 年底，泉州市 46 家企业技术中心中共有 42 家拥有有效发明专利，覆盖率为 91.3%，其中发明专利有效量为 1301 件，同比增长 19.2%。2023 年泉州市企业技术中心发明专利授权量为 257 件，2021—2023 年 3 年年均增速高达 9.3%。截至 2023 年底，泉州市发明专利有效量前 10 位企业技术中心合计发明专利有效量为 1041 件，占全部企业技术中心发明专利有效量的 80.0%。

五是国家知识产权示范企业和优势企业创新增长较快。截至 2023 年底，泉州市 48 家国家知识产权示范企业和优势企业共拥有有效发明专利 916 件，同比增长 16.8%。2023 年泉州市国家知识产权示范企业和优势企业发明专利授权量为 184 件，同比增长 14.3%，2021—2023 年 3 年累计授权发明专利 472 件，年均增速高达 20.4%。

六是 A 股上市公司发明覆盖率高，研发投入和创新产出水平持续提升。2023 年泉州市 8 家 A 股上市公司发明专利获得授权，占公司总数的 80%；截至 2023 年底，泉州市共有 9 家 A 股上市公司拥有有效发明专利，有效发明专利覆盖率为 90%，A 股上市公司发明专利平均拥有量为 54.1 件，较 2022 年（44.7 件）增长 9.4 件。截至 2023 年底，泉州市 A 股上市公司每亿元营业收入发明专利有效量为 3.4 件，较 2022 年（2.9 件）增长 0.5 件。

七是产业龙头企业创新力持续加速。截至 2023 年底，泉州市产业龙头企业 351 家企业共拥有有效发明专利 3370 件，有效发明专利量较 2022 年同比增长 22.8%，占全市企业发明专利有效量的 25.4%。2023 年泉州市产业龙头企业发明专利授权量为 714 件，较上年同比增长 1.7%，2021—2023 年 3 年累计授权发明专利 1931 件，年均增速高达 17.7%。

（五）现代产业体系创新良好

一是机械装备产业专利数量高，对"六三五"产业新体系创新贡献度高。2019—2023 年，泉州市现代产业体系专利授权量中，机械装备行业始终领先，5 年累计授权专利 6283 件，其中 2023 年专利授权量为 1892 件，同比增长 44.3%。截至 2023 年底，泉州市现代产业体系中机械装备有效专利量超万件，为 10063 件。从增长贡献率来看，机械装备专利授权量和有效专利量对泉州市全市专利量的增长贡献均居首位，贡献率分别为 73.0%、95.7%。

二是部分产业加速创新，相较于全国平均水平具有优势。2019—2023 年，健康食品产业每年专利授权量均超 500 件，其中 2023 年授权 1207 件专利，同比增速为 33.8%。石油化工产业 5 年累计获得授权专利 1525 件，5 年年均增长 17.0%。截至 2023 年底，新能源（96.3%）、电子信息（49.5%）、机械装备（44.5%）和健康食品产业（37.8%）有效专利量同比增速均在 30% 以上。与全国产业有效专利量相比较，纺织鞋服、健康食品、机械装备、建材家居、新材料处于优势状态，相对优势指数分别为 8.1、1.7、1.5、1.4 和 1.4。

三是工业产业专利匹配状况领先对标区域。2023 年，泉州市主导产业产值与专利匹配度为 93.3%，在 C23 城市中排名第 1 位。且泉州市产业中有

30.8%的产业处于产业与专利的饱和状态,同样在 C23 城市中位列第 1 位。

(六) 商标活动领先全省

2023 年,泉州市商标申请量为 105267 件,居全省首位,占福建省商标申请量的 30.4%,高于厦门市(23.6%)和福州市(15.9%)。2023 年,泉州市商标注册量为 65262 件,占福建省全部商标注册量的 29.4%,高于厦门市(23.4%)和福州市(16.2%)。截至 2023 年底,泉州市商标有效注册量为 765467 件,占福建省的比重为 31.8%,高于厦门市(24.9%)和福州市(15.7%)。

(七) 区域创新活动各有侧重

一是晋江、南安、惠安发明创造领先。截至 2023 年底,晋江市、南安市、惠安县分别累计授权专利 104608 件、81684 件、49262 件,占泉州市全市专利授权累计量的比重分别为 26.5%、20.7%、12.8%。截至 2022 年底,晋江市、南安市、惠安县专利有效量分别为 56505 件、34602 件、24642 件,占泉州市全市专利有效量的比重分别为 29.0%、17.8%、12.7%。晋江市、南安市、惠安县 3 市(区、县)专利授权和有效量均居泉州市前 3 位,其余区域专利授权累计量和有效量占泉州市的比重均在 10% 以下。

二是商标活动集中在晋江、南安、石狮、丰泽。2023 年,晋江市、南安市、石狮市、丰泽区商标申请量占泉州市的比重分别为 24.5%、14.7%、15.6%、13.2%,商标注册量占泉州市的比重分别为 25.1%、15.4%、13.2%、13.5%,商标有效注册量占泉州市的比重分别为 26.9%、15.7%、13.2%、12.1%。

三是地理标志活动集中在永春、惠安、德化、安溪。截至 2023 年 7 月,泉州市累计获保护地理标志产品 12 个,保护地域范围均为区县级,分布于永春县(7 个)、安溪县(2 个)、德化县(2 个)和惠安县(1 个)等 4 个区县,其余区域无地理标志产品,申请人集中。

二、泉州市创新发展劣势

(一) 经济创新存在偏差

一是创新质量排名不及经济产值。泉州市 2023 年 GDP 为 12172.33 亿元,在23个对标城市中排名第17位，但截至2023年底，泉州市发明专利拥有量为19910件，连续两年在C23城市中排名第22位，仅高于宁德市。通过创新发展质量指数测算发现，泉州市2023年PNID指数排名第22位，尤其是从近年PNID指数变化和GDP增长来看，泉州市处于创新发展增速远不及全市经济发展的状况。

（二）知识产权活动待加强

一是知识产权创造速度放缓。泉州市专利授权量、商标申请和注册量呈现下降态势，而专利有效量和商标注册有效量的增速也大幅度下降。2023年泉州市专利授权量较2022年同比下降7.1%，且2021—2023年3年年均下降11.2%。截至2023年泉州市专利有效量近3年增速为10.2%，较2020—2022年3年增速（12.8%）下降2.6个百分点。2023年泉州市申请商标10.5万件，较2022年同比下降6.2%，而2021—2023年3年年均下降16.2%。泉州市商标注册量也由2021年的14.1万件下降至2023年的6.5万件。2023年泉州市商标有效注册量同比增速较2022年（11.9%）下降5.5个百分点，增速有所放缓。

二是核心技术发明专利占比偏低。从泉州市专利类型来看，截至2023年底，泉州市专利授权量累计为394062件，其中58.1%为实用新型专利，36.1%为外观设计专利，发明专利占比仅为5.8%。2013—2022年，泉州市获得授权的专利中，仅2017—2018年和2022—2023年发明专利占比超5.8%，其余年份均低于平均值。截至2023年底，泉州市维持有效的专利中，60.2%为实用新型专利，29.6%为外观设计专利，发明专利占比仅为10.2%。

三是发明专利创新水平不及全省整体。泉州市2023年专利授权量在福建省居首位，占全省专利授权量的31.2%，高于厦门市（26.2%）和福州市（19.8%），但发明专利授权量占比仅为20.3%，远低于福州市（30.4%）和厦门市（30.1%）；截至2023年底，泉州市专利有效量占全省的比重为29.1%，高于厦门市（27.7%）和福州市（20.4%），但泉州市发明专利有效量占全省比重仅为21.3%，低于福州市（32.3%）和厦门市（30.1%）。

四是集成电路布图设计申请不活跃。截至2023年底，泉州市累计申请集成电路布图设计70件，与对标城市相比，泉州市2023年集成电路布图设计申请量在C23城市中排名第20位，高于宁德市。泉州市2023年仅有1家企业参与集成电路布图设计申请,且参与人数为1人,两者均在C23城市中分别排名第20位和第22位,处于下游水平。

五是地理标志保护活动有所下降。截至2023年7月,福建省泉州市累计获保护地理标志产品12个。从获保护历程来看,泉州市在2004年获保护第一件地理标志产品(惠安余甘果系列产品),2004—2009年,陆续获保护了8件,在2014—2017年又获保护了3件地理标志产品,且3件产品均为泉州市永春县申报。自2018年国务院机构改革以来,泉州市再无获保护的地理标志产品。

六是地理标志运用活力下降且不均衡。截至2023年7月,泉州市用标企业共计347家,用标企业数量最多的为2006年获保护的德化白瓷,用标企业数量为143家,排名第2位的2004年获保护的安溪铁观音,其用标企业数量与其知名度相匹配,但德化白瓷近两年无新增用标企业,地理标志产品运用活力整体呈现下降趋势。永春篾香等6个产品用标企业数量1~37家不等,其中永春老醋与"中国四大名醋"中的山西老陈醋(52家)、江苏镇江香醋(31家)具有较大差异,其地理标志产品运用活力与知名度不匹配。此外,泉州市目前仍有4个地理标志产品无用标企业,地理标志产品的运用活力不均衡。

(三)企业创新处于对标弱势

一是企业专利数量和发明专利占比在对标城市中均处于下游水平。2023年,泉州市企业申请专利3.1万件,在C23城市中排名第21位,较2022年位次不变,泉州市2022年企业专利中发明专利占比为13.8%,在C23城市中排名第22位。2023年,泉州市企业专利授权量为3.0万件,在C23城市中排名第19位,企业专利授权量不足居首位的深圳市的1/7,2023年泉州市企业专利授权量中发明专利占比为8.3%,在C23城市中排名第22位。泉州市在C23城市中整体专利创造和以发明专利为代表的核心专利创造处于下游水平。

二是获得发明专利授权的企业占比和企业连续创新能力均处于下游。2023年,泉州市获得专利授权的企业共有5779家,占地区企业法人数量的比重为1.6%,在C23城市中排名第21位,较2022年上升1位;2021—2023年,泉州市连续3年均获得发明专利授权的企业共有1979家,占比为19.7%,在C23城市中排名第21位。

（四）创新人才活跃度不高

一是研发人员参与发明创造程度出现下降。泉州市2023年研发人员参与发明创造平均次数为1.2次，较2022年下降了0.2次，低于福建省平均水平（1.5次）和全国平均水平（2.3次）。泉州市2023年研发人员参与发明创造平均次数在C23城市中排名第20位，较上一年下降1个位次。

二是高端创新人才处于较低水平。2023年，泉州市拥有高被引发明人204人，占所有发明人的比重为1.1%，低于福建省平均水平（1.5%）。2022年高被引发明人占比中，泉州市（0.9%）同样低于福建省平均水平（1.5%）。泉州市2022年和2023年高被引发明人数量在C23城市中均排名第22位，仅高于宁德市，而高被引发明人占比在C23城市中也处于下游水平。

（五）市场化程度有所下降

泉州市专利运营活跃度有所下降。2023年，泉州市专利运营次数为12547次。2021—2023年，泉州市专利运营次数年均增长18.0%，而福建省专利运营次数则3年年均增长20.5%，泉州市年均增速低于福建省2.5个百分点。从专利运营对标城市来看，泉州市专利运营次数在C23城市中排名第15位，其中专利许可次数排名第20位，高于宁德市，专利质押次数也排名第20位，仅高于郑州市、福州市和宁德市。泉州市整体专利运营能力在C23城市中也处于中下游水平。

（六）新兴产业创新优势不足

一是新兴产业创新提速，但处于对标城市下游水平。截至2023年底，泉州市战略性新兴产业发明专利拥有量为2864件，较上年同比增长27.2%，且占泉州市全部发明专利拥有量的比重为14.4%。但泉州市2022年和2023年战略性新兴产业发明专利拥有量在C23城市中均排名第22位，仅高于宁德市；2023年泉州市发明专利拥有量中战略性新兴产业所占比重排名第22位。与全国战略性新兴产业发明专利拥有量水平相比较，2023年泉州市战略性新兴产业相对优势指数为0.46，在C23城市中排名第22位，仅高于温州市（0.42）。

二是新兴产业合作申请较为贫瘠。泉州战略性新兴产业中涉及合作申请最多的产业是新一代信息技术产业（130件），其次分别是生物产业（120件）、新材料产业（88件）、高端装备制造业（51件），其余产业均未超过50件。

第二节 创新发展路径

一、结合区域发展特色，构筑区域创新体系

根据前述分析，泉州市下辖各县（市、区）均有其发展特色，其中在知识产权资源分布方面各有侧重。

晋江市和南安市具有专利优势和商标优势，截至 2023 年底，分别拥有泉州市 29.0%、17.8% 的有效专利，且泉州市 2023 年获得授权专利中 4 成以上集中在晋江市（26.5%）和南安市（20.7%）。晋江市、南安市和丰泽区 2023 年商标申请量、注册量和商标有效注册量均居泉州市下辖各县（市、区）前 3 位，其中申请量占泉州市的比重分别为 24.5%、14.7%、13.2%，注册量占比分别为 25.1%、15.4%、13.5%，有效注册量占比分别为 26.9%、15.9%、12.1%。晋江市共申请集成电路布图设计 21 件，在泉州市下辖各县（市、区）中居第 1 位。

丰泽区具有核心技术创新优势，发明专利数量占比领先泉州市其他下辖各县（市、区）。丰泽区 2023 年专利授权量和截至 2023 年底的专利有效量占泉州市的比重分别为 7.3%、8.7%，但其专利中发明专利占比分别为 13.4%、20.3%，在泉州市下辖各县（市、区）中居首位。丰泽区集成电路布图设计申请在泉州市居第 3 位，仅次于晋江市和惠安县。

永春县地理标志产品保护具有优势，但德化县对地理标志的运用具有领先优势。永春县共有永春芦柑、永春篾香、永春佛手、永春老醋、永春漆篮、永春纸织画、岵山荔枝 7 个地理标志产品，德化县拥有德化白瓷、德化黑鸡两个地理标志产品，安溪县有安溪铁观音、湖头米粉两个地理标志产品，惠安县有惠安余甘果系列产品一个地理标志产品。从用标企业数量来看，德化县的两个地理标志产品用标企业最多，为 144 家，平均每个地理标志产品有 72 家企业用标，其次是安溪县，平均每个地理标志产品有 63 家企业用标，永春县虽然地理标志数量较多，但平均用标企业仅为 11 家，而惠安县的地理标志暂无用标企业。泉州市下辖各县（市、区）知识产权资源分布情况如表 6-2-1 所示。

表6-2-1 泉州市下辖各县（市、区）知识产权资源分布情况

区域	专利授权量（件）	专利授权量中发明占比（%）	专利有效量（件）	专利有效量中发明占比（%）	2023年商标申请量（件）	2023年商标注册量（件）	截至2023年商标有效注册量（件）	获保护地理标志产品（个）	地理标志产品用标企业数量（个）	集成电路布图设计申请数量（件）
鲤城区	18552	5.9	9814	9.1	4932	2924	35686			
丰泽区	28940	13.4	16917	20.3	13520	8502	89055			12
洛江区	12387	5.2	8256	7.2	4609	2392	25446			3
泉港区	14159	6.6	5214	16.0	1637	1086	13692			
惠安县	49262	8.5	24642	15.5	4386	2470	31082	惠安余甘果系列产品	0	19
安溪县	28484	4.0	11654	8.2	9073	6843	72820	安溪铁观音、湖头米粉	126	1
永春县	14709	5.4	4466	15.0	3239	1845	16354	永春芦柑、永春篾香、永春佛手、永春老醋、永春漆篮、永春纸织画、岵山荔枝	77	
德化县	18510	4.3	10421	6.9	4868	3152	40649	德化白瓷、德化黑鸡	144	1
金门县	6	0.0	1	0.0	27	7	21			
石狮市	22761	4.3	12109	6.5	15939	8344	96954			2
晋江市	104608	4.7	56505	7.8	25058	15849	198145			21
南安市	81684	4.2	34602	8.1	15043	9731	117267			

· 140 ·

根据泉州市工业和信息化局认定351家企业为2023年产业龙头企业各产业专利创新分布情况来看，泉州市下辖各县（市、区）产业资源各有特色。

晋江市产业资源丰富，在纺织鞋服、电子信息、机械装备、建材家居、纺织服装、纸业包装、工艺制品、健康食品、新材料、其他制造业、电力热水燃气及水生产等产业领域均有一定程度的创新活动，其中，纺织鞋服、纺织服装、电子信息、纸业包装4个产业拥有一定数量的有效发明专利积累，核心技术转化相对较好；纺织鞋服、纺织服装、电子信息、健康食品、机械装备、纸业包装6个产业2021—2023年专利授权水平较高，其中纺织鞋服、纺织服装2021—2023年专利授权量分别为1522件、1130件，创新活跃度较高。

南安市在电子信息、机械装备、建材家居、纺织服装、纸业包装、石油化工、水暖厨卫、其他制造业等产业拥有一定创新活动，其中，建材家居产业发明专利有效量领先，核心技术转化相对较好；建材家居、电子信息、机械装备等3个产业2021—2023年专利授权量较高，尤其是建材家居产业，3年累计授权专利2484件，南安市在建材家居领域的创新活跃度较高。

鲤城区在纺织鞋服、电子信息、机械装备、石油化工、电力热水燃气及水生产等产业拥有一定创新活动，其中，机械装备、纺织鞋服两个产业的有效发明专利量相对领先，机械装备、纺织鞋服、电子信息3个产业2021—2023年累计专利授权量均超百件，拥有一定创新优势。

丰泽区在纺织鞋服、电子信息、机械装备、光学仪器制造、节能环保等产业拥有一定创新活动，其中，电子信息、机械装备两个产业具有有效发明专利优势，纺织鞋服虽然有效发明专利仅12件，但其2021—2023年专利授权量超300件，领先丰泽区的其他产业，机械装备2021—2023年专利授权量同样活跃。

德化县仅在电子信息、工艺制品、黑色金属采矿选业3个产业拥有产业龙头企业的专利活动，但工艺制品产业拥有百件以上有效发明专利，2021—2023年累计专利授权量达852件，德化县在工艺制品产业创新优势显著。

洛江区在电子信息、机械装备、纸业包装、工艺制品、石油化工、纸业印刷等产业拥有龙头企业创新活动，其中，在机械装备、电子信息两个产业具有有效发明专利维持优势，且2021—2023年专利授权量分别为276件、190件，具有创新优势。

开发区❶在纺织鞋服、电子信息、机械装备、健康食品、新材料、生物医药等产业具有龙头企业创新优势，但各产业龙头企业有效发明专利量均不足30件，创新优势不明显，而纺织鞋服2021—2023年专利授权量达1067件，开发区在纺织鞋服产业创新活跃，且专利主要以实用新型和外观设计为主。

石狮市在纺织鞋服、电子信息、机械装备、工艺制品、电力热水燃气及水生产等产业具有龙头企业创新优势，但无有效发明专利维持优势。台商区❷在机械装备产业、安溪县在电子信息产业、惠安县在石油化工产业、泉港区在石油化工产业、永春县在建材家居产业等具有龙头企业2021—2023年授权优势。泉州市下辖各县（市、区）产业资源分布情况如表6-2-2所示。

结合泉州市知识产权资源优势和产业创新资源优势，泉州市下辖各县（市、区）均有其发展的侧重点和优势点，因此要充分利用区域优势，因地制宜激发区域创新活力，构建区域创新体系。

① 针对区域产业创新优势，以重点产业创新活跃的头部企业为主导，进一步激发企业知识产权保护，加大技术成果转化支持力度。

② 针对区域核心技术创新优势，建立产业关键技术专利池，由区域政府和企业联合建设重点知识产权联盟或组建管理机构，加强对重点专利的管理和运用，同时利用产业龙头企业加强专利运营水平，使已有专利实现其创新价值。

③ 针对商标优势，加强区域知名品牌的培育，加大品牌宣传推广工作，利用泉州市优越地理位置，向全国、全世界推广泉州品牌。

④ 针对集成电路布图设计优势，重点培育集成电路布图设计申请人，加强其进一步对已有技术和产品的保护。

⑤ 针对地理标志产品数量优势，以提高地理标志产品运用为主，而针对地理标志产品运用优势区域，继续挖掘本区域地理标志资源，加强地理标志保护。

泉州市下辖各县（市、区）优势资源分布情况如表6-2-3所示。

---

❶❷ 根据泉州市人民政府官网的泉州概况，泉州市的县（市、区）包括4区3市5县（包含金汀县）、泉州市经济技术开发区和泉州台商投资区，为了方便阅读，本书将泉州市经济技术开发区简称为"开发区"，将泉州台商投资区简称为"台商区"。

表6-2-2 泉州市下辖各县（市、区）产业资源分布情况

产业	晋江市		南安市		鲤城区		丰泽区		德化县		洛江区		开发区		石狮市		台商区		安溪县		惠安县		泉港区		永春县	
	累计授权	发明专利有效	累计授权	发明专利有效	累计授权	发明专利有效	累计授权	发明专利有效	累计授权	发明专利有效	累计授权	发明专利有效	累计授权	发明专利有效	累计授权	发明专利有效	累计授权	发明专利有效	累计授权	发明专利有效	累计授权	发明专利有效	累计授权	发明专利有效	累计授权	发明专利有效
工艺制品	12	14							852	169	74	4			14	5			4	1					9	1
纺织鞋服	1522	683	2484	415	187	75	335	12					1067	26	53	23	22	4			61	7	19	1	5	1
建材家居	83	5																			17	3			63	4
机械装备	400	76	353	119	282	113	148	78			276	69	73	23	31	5	344	44								
电子信息	592	178	563	81	171	50	91	118	12	4	190	51	44	18	115	46	55	16	190	69	41	9	99	22	26	11
健康食品	438	21									10		17	14			14	2					1			
石油化工			39	17	74	40					39	19	35	4							115	46				
纸业包装	409	163															68	19			58	8				
纺织服装	1130	205	38	5													37	4								
现代物流业	9			1																						
其他制造业	50	7																								
电力热水燃气及水生产	32	4			26	8							72	6			56	5					31	7		
新材料	19	28											7	15												

· 143 ·

续表

产业	晋江市 累计授权	晋江市 发明专利有效	南安市 累计授权	南安市 发明专利有效	鲤城区 累计授权	鲤城区 发明专利有效	丰泽区 累计授权	丰泽区 发明专利有效	德化县 累计授权	德化县 发明专利有效	洛江区 累计授权	洛江区 发明专利有效	开发区 累计授权	开发区 发明专利有效	石狮市 累计授权	石狮市 发明专利有效	台商区 累计授权	台商区 发明专利有效	安溪县 累计授权	安溪县 发明专利有效	惠安县 累计授权	惠安县 发明专利有效	泉港区 累计授权	泉港区 发明专利有效	永春县 累计授权	永春县 发明专利有效
节能环保																										
铜压延加工																										
纸业印刷							4																			
冶金行业																										
光学仪器制造							14	10			27															
废弃资源综合利用									6																	
生物医药													11	9												
黑色金属采矿选业																			21	1			9	9		
水暖厨卫			28																							
金属结构制造																							23	3		

表6-2-3　泉州市下辖各县（市、区）优势资源分布情况

区域	知识产权资源优势	产业创新优势	
		核心技术创新优势	创新活跃度优势
晋江市	专利优势、商标优势、集成电路布图设计优势	纺织鞋服、纺织服装、纸业包装、电子信息	纺织鞋服、纺织服装、电子信息、机械装备、健康食品、纸业包装
南安市	专利优势、商标优势	建材家居、电子信息、机械装备	
惠安县		石油化工	
丰泽区	核心技术创新优势	电子信息、机械装备	纺织鞋服、机械装备
安溪县	地理标志品牌优势	电子信息	
石狮市		电子信息	
德化县	地理标志产品运用优势	工艺制品	
鲤城区		机械装备、纺织鞋服	机械装备、电子信息、纺织鞋服
洛江区		机械装备、电子信息	
泉港区		石油化工	
永春县	地理标志产品数量优势	建材家居	

二、集聚产业集群力量，激发企业创新活力

通过泉州市创新发展PNID指数与经济发展的地区生产总值拟合分析，泉州市2023年地区生产总值在23个对标城市中排名第17位，但PNID指数排名第22位，尤其是从近年PNID指数变化和地区生产总值增长来看，泉州市处于创新发展增速远不及全市经济发展的状况。根据泉州市公开数据，全市约7成的税收、8成的地区生产总值、9成的研发创新、9成的城镇劳动就业均来自民营经济，民营经济占据泉州市发展的核心要素，尤其是泉州市9成企业均为民营企业。如图6-2-1所示，截至2023年底，泉州市发明、实用新型、外观设计3种类型专利的有效专利量主要由企业所拥有，企业有效专利量占泉州市全部有效专利量的比重达77.1%，企业创新优势显著。

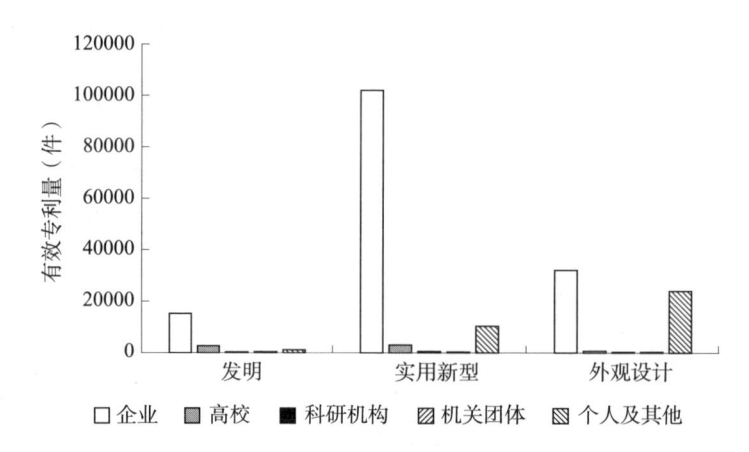

图 6-2-1　截至 2023 年底泉州市各创新主体有效专利量分布情况

2023 年泉州市重点创新主体虽然在 C23 城市中不具有优势，仅有 371 家，但 354 家均为企业，占泉州市重点创新主体数量的 95.4%，如图 6-2-2 所示，且企业创新主体拥有有效专利 36116 件，占重点创新主体专利拥有量的 85.3%。泉州市头部创新主体以企业为主，进一步印证了企业具有创新相对优势。

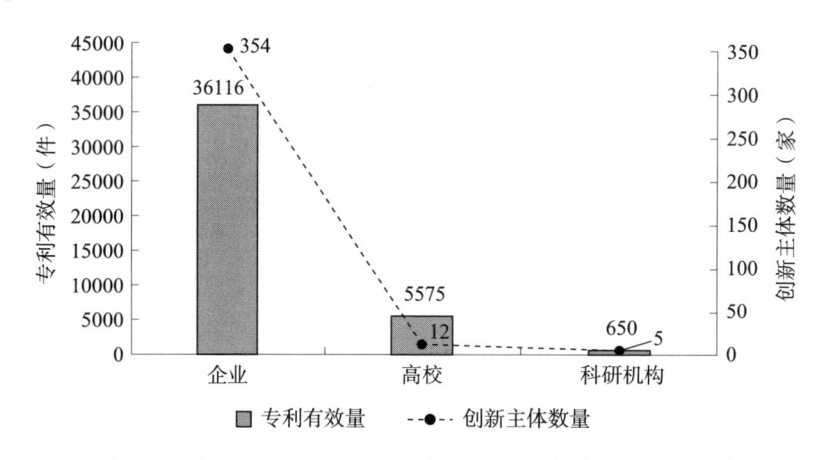

图 6-2-2　2023 年泉州市重点创新主体分布及其专利拥有量

但从企业知识产权分析来看，泉州市创新水平相较于经济水平优势并不显著。C23 城市中，泉州市企业专利申请量、授权量均排名第 21 位，且 2023 年数量均有所下降。从反映核心技术的发明专利来看，企业发明专利申请量在泉州市企业专利申请量中的占比，虽然 2023 年相较于 2022 年有所增长，但处于

C23 城市下游，在 C23 城市中排名第 22 位，同时企业发明专利申请量占比排名也处于 C23 城市下游。

从泉州市实际参与专利活动的企业来看，2023 年泉州获得专利授权企业数量占比为 1.6%，远远落后于佛山、宁波、深圳等，排名第 21 位，仅高于郑州和宁德。2021—2023 年 3 年连续获得专利授权的企业数量占比增至 19.7%，排名第 21 位，仅高于温州和西安。2023 年专利活动新进入企业数量为 2179 家，在 C23 城市中排名第 21 位。泉州市企业集成电路布图设计同样处于对标城市下游水平，2023 年和 2022 年都仅有 1 家企业参与集成电路布图设计申请，且两年均在 C23 城市中位居下游。泉州市企业创新指标数量及 C23 城市排名情况如表 6-2-4 所示。

表 6-2-4 泉州市企业创新指标数量及排名情况

数据类型	年份	数量	C23 城市排名
专利申请量（件）	2022	32801	21
	2023	31471	21
专利授权量（件）	2022	36782	21
	2023	32801	21
专利申请量中发明专利占比（%）	2022	10.6	23
	2023	13.8	22
专利授权量中发明专利占比（%）	2022	12.2	23
	2023	10.6	23
获得专利授权的企业数量占比（%）	2022	1.8	22
	2023	1.6	21
2021—2023 年持续获得专利授权的企业数量占比（%）	2022	17.0	22
	2023	19.7	21
专利活动新进入企业数量（家）	2022	1875	21
	2023	2179	21
集成电路布图设计参与企业数量（家）	2022	1	22
	2023	1	20

通过以上分析发现，泉州市经济力量和创新力量均主要集中于企业，但企业在经济产出中贡献较大，而实际创新活动中并未凸显其优势。因此结合泉州市实际发展情况，以企业为着力点，加强经济对创新发展的驱动作用，尤其是发挥泉州市民营经济对全市知识产权等科技、产业创新的推动效应。

2023年7月,党中央、国务院印发实施了《中共中央 国务院关于促进民营经济发展壮大的意见》,其中提到:"培育一批关键行业民营科技领军企业、专精特新中小企业和创新能力强的中小企业特色产业集群。……推动不同所有制企业、大中小企业融通创新,开展共性技术联合攻关。"产业集群是某领域内大量密切联系的企业为了达到降低成本、技术创新、提升竞争力等目的聚集形成的优势群落,在强化专业化分工、发挥协作配套效应、降低创新成本、优化生产要素配置等方面作用显著。近年来在全球经济一体化的环境下,产业集群快速发展,引导和促进产业集群发展,有利于优化经济结构,转变经济发展方式,有利于带动中小企业发展,提升区域和产业竞争力。

根据《泉州市"十四五"制造业高质量发展专项规划》,泉州市产业发展立足全市"一湾两翼三带"空间格局,构建"一湾两翼多点"的产业布局。泉州市制造业发展布局如图6-2-3所示。

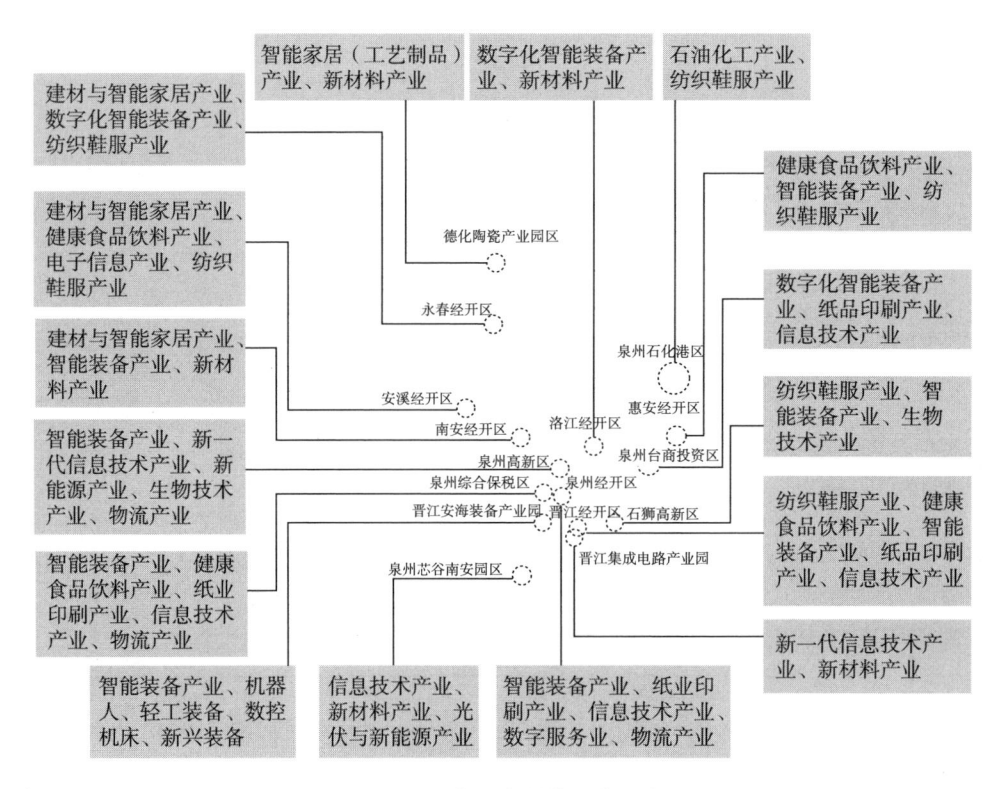

图6-2-3 泉州市制造业发展布局

发展产业集群较为重要的一环是发挥龙头企业的带动引领作用,一是积极培育关联度大、带动性强的龙头企业，发挥其产品辐射、技术示范、信息扩散和销售网络中的"领头羊"作用；二是增强自主创新能力，提升产业层次。泉州市连续多年培育产业龙头企业，早在2014年就出台了《泉州市人民政府办公室关于印发泉州市产业龙头促进计划实施方案的通知》（泉政办〔2014〕161号），为加快推进产业转型升级、布局优化、兼并重组、协作配套、科技创新、技术改造、两化融合、市场开拓，在现代农业、先进制造业和现代服务业等产业领域中，重点培育一批关联度大、主业突出、核心竞争力强的产业龙头。《泉州市人民政府办公室关于印发泉州制造2025发展纲要的通知》（泉政办〔2016〕112号）更是强调推动金融资源向产业集群集聚，每年印发泉州市市级产业龙头企业及相关政策措施。

2022年10月，为支撑《泉州市进一步支持制造业高质量发展的若干措施》（泉政办〔2021〕1号），泉州市工业和信息化局认定351家企业为2022年产业龙头企业，全方位加强对市级产业龙头企业的服务指导，推进龙头企业做大做强。如表6-2-5所示，泉州市2022年产业龙头企业区域分布在13个市（区、县），主要集中在晋江市、德化县、南安市等区域，产业分布主要集中在工艺制品、纺织鞋服、建材家居、机械装备、电子信息、健康食品等产业，以上产业均涵盖了20家以上产业龙头企业。结合区域和产业分布，晋江市集中了34家纺织鞋服企业、13家健康食品企业、11家纺织服装企业及机械装备、纸业包装等其他产业企业，德化县以工艺制品企业为主，集中了58家该产业龙头企业，集中度在各区域和产业中最高，南安市则集中了29家建材家居龙头企业、12家机械装备龙头企业及其他产业企业，泉港区以石油化工企业为主，洛江区以电子信息企业为主。

表6-2-5 泉州市产业龙头企业分布情况

产业	晋江	德化	南安	泉港	洛江	石狮	台商	鲤城	惠安	开发	丰泽	安溪	永春
工艺制品	1	58			1	1		1			1		1
纺织鞋服	34		2	1	1	8	2	4	2	3	1		1
建材家居	7		29	1				2					2
机械装备	8		12		4	2	5	5		2	2		
电子信息	6	1	5		6	3	2			2	3	7	
健康食品	13		1	2	1			3	2		1		
石油化工				1	8	1		1	2	4			

续表

产　业	晋江	德化	南安	泉港	洛江	石狮	台商	鲤城	惠安	开发	丰泽	安溪	永春
纸业包装	8		1		1		3		2				
纺织服装	11	1											1
现代物流业	4		1	1				1			1		
其他制造业	3	1	3	1	1		1						
电力热水燃气及水生产	3		1			2		1			1		
新材料	2							1		1			
节能环保											1		
铜压延加工		1											
纸业印刷					1								
冶金行业												1	1
光学仪器制造											1		
废弃资源综合利用业					1								
生物医药										1			
黑色金属采矿选业		1											
水暖厨卫				1									
金属结构制造					1								

根据泉州市产业龙头企业专利数据情况，各产业拥有相对较多有效发明专利的企业为技术核心企业，2021—2023年专利授权量相对较多的企业为创新重点企业。技术核心企业拥有该产业关键技术，可以作为产业创新龙头引领技术创新发展，创新重点企业近年创新活跃度较高，可以作为产业中坚力量进行培养。

由表6-2-6分析可知，晋江市产业资源丰富，龙头企业创新实力较强，在电力热水燃气及水生产、电子信息、纺织服装、纺织鞋服、机械装备、健康食品、纸业包装、工艺制品等产业均有一定数量的龙头企业，其中纺织鞋服产业创新较为突出，拥有4家技术核心企业和9家创新重点企业，而在电子信息、纺织服装和纸业包装等产业拥有较多数量的创新重点企业。

德化县在工艺制品上创新显著，拥有3家技术核心企业和9家创新重点企业；丰泽区拥有良好创新活动的企业主要集中在电子信息、纺织鞋服和机械装备3个产业，其中在电子信息产业拥有2家技术核心企业，在纺织鞋服产业拥有1家创新重点企业，在机械装备则分别拥有1家技术核心企业和1家创新重点企业；开发区在健康食品产业拥有1家技术核心企业，在纺织鞋服产业拥有

表6-2-6 泉州市2023年产业龙头企业创新分布情况

市(区、县)	企业类型/产业	纺织鞋服	机械装备	电子信息	工艺制品	建材家居	纺织服装	健康食品	纸业包装	石油化工	电力热水燃气及水生产	新材料
安溪县	技术核心企业			1								
德化县	技术核心企业				3							
	创新重点企业				9							
丰泽区	技术核心企业		1	2								
	创新重点企业	1	1									
晋江市	技术核心企业	4		1	1		2	1	2			
	创新重点企业	9	2	3			4	3	3		1	
开发区	技术核心企业	2						1				
鲤城区	技术核心企业		1	1						1	1	
	创新重点企业	1	1	1						2	1	
洛江区	技术核心企业		1		1							
	创新重点企业		3	1								
南安市	技术核心企业		1	1		1						
	创新重点企业		3	2		7						
石狮市	技术核心企业		1	1						1		
台商区	创新重点企业					1						
永春县	创新重点企业											1

2家创新重点企业；鲤城区同样在多个产业均有龙头企业创新较为活跃，其中机械装备、电子信息、石油化工、电力热水燃气及水生产等产业均拥有技术核心企业和创新重点企业；洛江区在机械装备产业拥有1家技术核心企业和3家重点创新企业，后续创新发力充足；南安市在建材家居、机械装备、电子信息3个产业拥有一定数量的创新重点企业。

安溪县、石狮市、台商区和永春县均拥有其中一种类型的产业龙头企业。安溪县拥有1家电子信息产业的技术核心企业；石狮市在电子信息产业拥有1家创新重点企业；台商区在机械装备和新材料产业拥有创新重点企业；永春县在建材家居拥有1家重点创新企业。

结合泉州市产业、企业、经济发展情况和资源禀赋，以企业为主体，以产业为载体，开展双向驱动的产业集群发展路径。结合泉州市各产业资源分布情况，发挥资源最大效能，整合区域企业资源力量，形成重点创新产业集群：

以晋江市为核心，以开发区、丰泽区、鲤城区为辅，形成纺织鞋服创新产业集群；以洛江区和南安市为主，以晋江市、丰泽区、鲤城区、台商区为辅，形成机械装备创新产业集群；以丰泽区为主，以晋江市、安溪县、鲤城区、洛江区、南安市、石狮市为辅，形成电子信息创新产业集群；以德化县为主，以晋江市、洛江区为辅，形成工艺制品创新产业集群；以南安市为主，以永春县为辅，形成建材家居创新产业集群；以晋江市为主，以开发区为辅，形成健康食品创新产业集群；以鲤城区为主，以南安市为辅，形成石油化工创新产业集群；以鲤城区为主，以晋江市为辅，形成电力热水燃气及水生产创新产业集群；以晋江市形成纺织服装创新产业集群、纸业包装产业集群；以台商区形成新材料创新产业集群。

以创新产业集群为依托，进一步发挥龙头企业的带动引领作用，增强自主创新能力。根据不同区域组建的产业集群，发挥该创新集群中龙头企业的创新优势实施知识产权集群管理、产业集群专利池等策略，整合全市力量，加快产业集群重点领域及关键核心技术创新，提升产业发展核心竞争力。产业集群区域与企业结构分布如表6-2-7所示。

表6－2－7 产业集群区域与企业结构分布

创新产业集群	区域结构	企业结构	
		技术核心力量	创新重点力量
纺织鞋服	以晋江市为核心，以开发区、丰泽区、鲤城区为辅	茂泰（福建）鞋材有限公司、福建浔兴拉链科技股份有限公司、兴业皮革科技股份有限公司、信泰（福建）科技有限公司	特步（中国）有限公司、泉州匹克鞋业有限公司、三六一度（中国）有限公司、利郎（中国）有限公司、福建优安纳伞业科技有限公司、福建鸿星尔克体育用品有限公司、晋江市七彩狐服装织造有限公司、三六一度（福建）体育用品有限公司、九牧王股份有限公司
机械装备	以洛江区和南安市为主，以晋江市、丰泽区、鲤城区、台商区为辅	福建南方路面机械股份有限公司、福建群峰机械有限公司、福建省铁拓机械股份有限公司、泉州市汉威机械制造有限公司	福建佶龙机械科技股份有限公司、福建泉工股份有限公司、福建申利卡铝业发展有限公司、福建新源重工有限公司、蓉中电气股份有限公司
电子信息	以丰泽区为主，以晋江市、安溪县、鲤城区、洛江区、南安市、石狮市为辅	南威软件股份有限公司、福建省晋华集成电路有限公司、福建火炬电子科技股份有限公司、福建中立讯通信有限公司、泉州三安半导体科技有限公司、福建晶安光电有限公司	福建宝锋电子有限公司、福建金石能源有限公司、泉州市南安特易通电子有限公司、福建中科光芯光电科技有限公司、军鹏特种装备股份有限公司
工艺制品	以德化县为主，以晋江市、洛江区为辅	福建省佳美集团公司、冠达星股份有限公司、福建省德化县冠鸿陶瓷有限公司、福建省德化县华茂陶瓷有限公司	福建省德化同鑫陶瓷有限公司、福建省德化县宏跃陶瓷有限公司、泉州钰乘礼品有限公司、德化县畅德陶瓷配件有限公司、福建省嘉顺艺品股份有限公司、福建省德化县华兴陶瓷有限公司、福建省德化县日顺陶瓷有限公司、福建省德化县昱晟工艺品有限责任公司

续表

创新产业集群	区域结构	企业结构	
		技术核心力量	创新重点力量
建材家居	以南安市为主,以永春县为辅	九牧厨卫股份有限公司	福建大方睡眠科技股份有限公司、福建省闽发铝业股份有限公司、泉州科牧智能厨卫有限公司、福建良瓷科技有限公司、福建泉州南星大理石有限公司、福建省南安宝达建材有限公司、泉州利昌新材料科技有限公司
健康食品	以晋江市为主,以开发区为辅	安记食品股份有限公司、福建省泉州喜多多食品有限公司	福建亲亲股份有限公司、蜡笔小新(福建)食品工业有限公司、福建盼盼食品有限公司
石油化工	以鲤城区为主,以南安市为辅	嘉亨家化股份有限公司	泉州梅洋塑胶五金制品有限公司、福建省金鹿日化股份有限公司
电力热水燃气及水生产	以鲤城区为主,以晋江市为辅	泉州市燃气有限公司	福建晋江热电有限公司
纸业包装	晋江市	福建恒安集团有限公司、福建恒安卫生材料有限公司	艾派集团(中国)有限公司
纺织服装	晋江市	安踏(中国)有限公司、福建百宏聚纤科技实业有限公司	福建七匹狼实业股份有限公司、贵人鸟股份有限公司、晋江市宏兴服饰织造有限公司
新材料	台商区	福建立亚新材有限公司	

三、发挥科技资源优势,加强产学研深度融合

企业是市场的创新主体,高校是基础研究的主力军和重大科技突破策源地。高校、科研机构等科技资源的创新投入和成果产出较为良好,科研经费支出逐年上涨,科研人员数量和科研人员研发投入均呈增长趋势,2023年高校的有效发明专利覆盖率达到了94.4%,科研机构的有效发明专利覆盖率也达64.3%。企业创新资源同样发挥其创新优势,高新技术企业有效发明专利覆盖率增长,企业技术中心发明覆盖度超8成,A股上市公司发明覆盖率高,研发

投入和创新产出水平高于福建省平均水平。

泉州市核心技术成果转化率较低，且授权专利还是有效专利，代表核心技术的发明专利所占比重较低。泉州市协同创新薄弱，尤其是战略性新兴产业，各产业合作申请专利量均未超过百件。近年来，泉州市技术市场化程度明显下降，专利运营次数3年年均下降13.6%，许可合同备案金额较上年同期减少674.5万元，平均金额同期减少13.2万元/项，专利质押融资项目数量增加43项，专利质押融资平均金额减少305.4万元/项。

针对泉州市核心技术创新低的问题，应充分利用泉州市企业和高校资源优势，加强协同创新，整合科研力量加快关键技术攻关。我国"十四五"规划强调，通过推进科研院所、高校、企业科研力量优化配置和资源共享，发挥科技优势、人才优势和创新资源优势，深入实施创新驱动发展战略，以高质量科技供给助推经济高质量发展。针对泉州市创新成果市场化活跃度不高的问题，充分发挥高校院所的技术优势和企业的市场优势，促进创新链、产业链深度融合。

2022年，泉州市为推动知识产权高质量发展，为建设海丝名城、智造强市、品质泉州提供知识产权保障和支撑，印发《泉州市人民政府关于促进知识产权高质量发展的若干意见》，强调要聚焦泉州市"六三五"产业新体系的战略部署，建立以企业为主体，市场为导向的高质量创造机制，引导企业、高校、科研院所等各类创新主体，围绕"六三五"产业新体系，开展产业协同技术创新，培育高价值专利。2022年6月，教育部办公厅、工业和信息化部办公厅、国家知识产权局办公室联合发布《关于组织开展"千校万企"协同创新伙伴行动的通知》，为实现推动建设一批校企创新联合体等发展目标，制定七大重点任务，为泉州市"六三五"产业新体系协同技术创新指明方向。其中，"千校万企"行动提出"着力推动高校与行业龙头企业、专精特新'小巨人'企业、专精特新中小企业开展战略合作，围绕企业创新需求，探索建立'揭榜挂帅'机制，通过企业出题、协同答题的技术攻关模式，提升高校与企业协同创新效率。"同时提出"支持高校和龙头企业、中小企业联合组建重点实验室、研究院、技术中心、工程中心、产学研基地等多种形式的创新联合体，加强关键核心技术和共性技术研发，探索专利所有权共享、收益权让渡等合作机制，推动科技成果共享共用。"

由表6-2-8分析可知，泉州市企业在"六三五"产业方面创新优势显著，尤其是在机械装备、健康食品、纺织鞋服、石油化工等六大主导产业，专利量均处于领先水平。泉州市高校在主导产业、新兴产业和现代服务业方面具有创新较为突出的产业，如主导产业的机械装备、石油化工和电子信息，新兴产业中的生物医药，现代服务业中的数字服务。泉州市研究机构的创新优势主要体现在主导产业的机械装备和健康食品。

表6-2-8　泉州市"六三五"产业截至2023年底专利有效量和2023年专利授权量

产业		企业		高校		研究机构	
		专利有效量（件）	专利授权量（件）	专利有效量（件）	专利授权量（件）	专利有效量（件）	专利授权量（件）
六大主导产业	纺织鞋服	1773	260	67	23	23	8
	机械装备	8312	1489	772	273	165	40
	石油化工	1656	218	602	120	64	10
	电子信息	610	161	381	166	30	9
	建材家居	190	24	33	11	10	1
	健康食品	5289	950	461	166	116	26
三大新兴产业	新材料	394	63	112	28	17	2
	新能源	38	2	8	3	0	0
	生物医药	88	9	115	14	0	0
现代服务业		830	146	621	220	75	29

泉州市进一步明晰各产业创新资源分布情况，明确"企业关注什么技术创新""高校院所有什么技术创新"，深入开展"院所＋企业"模式，其中"企业关注什么技术创新"也就是目前企业重点布局的专利技术和市场需要什么技术。通过对表6-2-9泉州市"六三五"产业体系创新主体进行分析，各产业均有其拥有核心技术的企业和近年创新较为活跃的新兴力量。如纺织鞋服产业领域，茂泰（福建）鞋材有限公司、信泰（福建）科技有限公司、兴业皮革科技股份有限公司等企业拥有一定数量的核心技术专利，福建恒安集团有限公司、福建省晋江市华宇织造有限公司等企业近年专利授权较为活跃，因此这些企业一方面可以在企业之间进行合作，开展专利转让等运营活动，另一方面可以根据该产业领域创新较为领先的高校院所进行技术交流和合作，如可以与黎明职业大学、泉州师范学院、福建师范大学泉港石化研究院、泉州师范学院（石狮）生态智能织物工程技术研究院等开展合作。

表6-2-9 泉州市"六三五"产业重点创新主体和新兴力量分布

产业		企业		大专院校		研究机构	
		核心技术	新兴力量	核心技术	新兴力量	核心技术	新兴力量
六大主导产业	纺织鞋服	茂泰（福建）鞋材有限公司，信泰（福建）科技有限公司，兴业皮革科技股份有限公司	福建恒安集团有限公司，福建省晋江市华宇织造有限公司	黎明职业大学	泉州师范学院	福建师范大学泉港石化研究院	泉州师范学院（石狮）生态智能织物工程技术研究院
	机械装备	九牧厨卫股份有限公司，福建省晋江兴拉链科技有限公司	伊瓦特机器人设备制造有限公司，福建群峰机械有限公司，泉州市海恩德机电科技发展有限公司	华侨大学	黎明职业大学、泉州师范学院	泉州华中科技大学智能制造研究院，泉州装备制造研究所，福建师范大学泉港石化研究院	福建（泉州）哈工大工程技术研究院
	石油化工	茂泰（福建）鞋材有限公司，安踏（中国）有限公司	泉州宇极新材料科技有限公司	华侨大学	泉州师范学院	福建师范大学泉港石化研究院	
	电子信息	福建省晋华集成电路有限公司，南威软件股份有限公司	泉州三安半导体科技有限公司，福建科立讯通信有限公司	华侨大学		泉州装备制造研究所	泉州华中科技大学智能制造研究院

续表

产业		企业		大专院校		研究机构	
		核心技术	新兴力量	核心技术	新兴力量	核心技术	新兴力量
六大主导产业	建材家居	福建百宏聚纤科技实业有限公司、福建火炬电子科技股份有限公司	福建华清电子材料科技有限公司	华侨大学	泉州师范学院	福建师范大学泉港石化研究院	福建（泉州）哈工大工程技术研究院
	健康食品	九牧厨卫股份有限公司、福建晋将兴链科技有限公司、茂泰（福建）鞋材有限公司、福建南方路面机械股份有限公司、安踏（中国）有限公司	福建群峰机械有限公司、泉州市海恩德机电科技发展有限公司、伊瓦特机器人设备制造有限公司、福建佰安集团有限公司	华侨大学	黎明职业大学、泉州师范学院	福建师范大学泉港石化研究院、泉州装备制造研究所、泉州华中科技大学智能制造研究院	
三大新兴产业	新材料	福建百宏聚纤科技实业有限公司、安踏（中国）有限公司、福建火炬电子科技股份有限公司、茂泰（福建）鞋材有限公司	福建华清电子材料科技有限公司、九牧厨卫股份有限公司	华侨大学	泉州师范学院	福建师范大学泉港石化研究院	
	新能源	泉州睿郎机电技术有限公司		华侨大学		—	—
	生物医药	福建省中科生物股份有限公司	福建太平洋制药有限公司	华侨大学		—	—

续表

产业		企业		大专院校		研究机构	
		核心技术	新兴力量	核心技术	新兴力量	核心技术	新兴力量
五大现代服务业	数字服务	南威软件股份有限公司、福建科立讯通信有限公司		华侨大学		泉州华中科技大学智能制造研究院、福建（泉州）哈工大工程技术研究院	
	商贸物流			—		—	
	文化旅游	信和新材料股份有限公司、泉州市一扬文化用品有限公司、兴业皮革科技股份有限公司		华侨大学、黎明职业大学		—	
	健康服务	泉州市景江电子科技有限公司、福建中科三净环保股份有限公司		华侨大学			
	金融服务			—			

· 159 ·

专利创新最终是以价值实现为导向，针对泉州市企业技术研发能力相对不足且与高校科研院所转化渠道不畅的问题，鼓励企业与高校、科研院所建立产学研用合作机制，鼓励财政资金支持的科研项目两年内未转化的实施开放许可，对企业购买专利、高校院所专利转移转化和知识产权运营机构专利交易运营进行奖励。开展知识产权证券化、知识产权质押融资、知识产权融资租赁等金融创新。具体可以通过以下4个方面实施：

一是高校院所主动对接企业。鼓励高校院所积极关注企业产品动态和研发动态，将已有研发成果转化向关注企业公开或开展项目合作协议，定制化技术研发方向，即保障政策规划的落地实施，实现"围绕企业创新需求，探索建立'揭榜挂帅'机制，通过企业出题、协同答题的技术攻关模式，提升高校与企业协同创新效率"。

二是积极加入泉州市或福建省产业联盟。按照产业类别将已有专利纳入专利池，公开已有专利，让其他企业主动关注高校和科研机构专利。

三是完善高等学校、科研院所管理制度和成果转化机制。利用表6-2-10所示的各区域各类型企业、高校等资源，调动民营企业、科技型企业、中小微企业的创新发展积极性，支持各类型企业与高校和科研机构合作建立技术研发中心、产业研究院、中试熟化基地、工程研究中心、制造业创新中心等创新平台。晋江市、南安市均拥有百家以上高新技术企业、科技型中小企业和创新型中小企业，但企业技术中心数量不多，因此要加大对各区域创新型企业资源的挖掘和转化。

表6-2-10　泉州市企业、高校资源分布❶　　　　　　　　　　单位：家

区域	高新技术企业	科技型中小企业	创新型中小企业	企业技术中心	A股上市公司	高校资源
晋江市	687	599	208	17	8	2
南安市	317	293	115	6	1	2
惠安县	271	215	91	11	2	1
丰泽区	295	236	53	8	2	5
安溪县	55	77	25	3	0	0
石狮市	236	220	56	6	0	3
德化县	157	108	72	1	0	1

---

❶ 泉州市下辖各县（市、区）的各类型企业数量数据来源于企查查公开数据。

续表

区域	高新技术企业	科技型中小企业	创新型中小企业	企业技术中心	A股上市公司	高校资源
鲤城区	172	126	47	6	4	2
洛江区	106	56	42	3	0	2
泉港区	36	30	9	5	2	0
永春县	53	127	16	2	0	0

四是发挥省级科技创新规划指导效应，以省级支撑项目延伸产业链发展，加快合作创新平台建设。"十四五"期间，福建省将整合企业、高校和研究院力量，建设8家省级创新实验室、28家新型研发机构。其中泉州市人民政府、福州大学、中化泉州石化有限公司联合建设化学工程科学与技术创新实验室（清源创新实验室），围绕催化科学与技术、合成材料、精细化学品、环保与安全技术、过程与产品工程等5个重点方向，建设人才汇集与培养、技术创新与转化、产业培育与示范三位一体紧密联动的新型研发机构，泉州市可以结合石油化工等产业集群发展需求，充分发挥实验室科学基础研究、创新技术研究及产业化应用研究成果成效。

四、推进商标地标保护，提升品牌国际水平

随着市场经济的快速发展，商标已成为企业和国家发展的重要战略性资源，泉州市商标数量在福建省具有较大的领先优势。2023年申请商标105267件，注册商标65262件，有效注册量765467件，占福建省的比重分别为30.4%、29.4%、31.8%，高于厦门市和福州市，从占比也可以看出，泉州市对于商标的维持也较为重视。泉州市拥有充足的商标资源优势。

泉州市截至2023年7月累计获保护地理标志产品12个，略高于福建省平均水平（11.8个）。泉州市工艺品资源丰富，工艺品类产品占比优于福建省其他城市。泉州市用标企业共347家，高出福建省平均水平（256.9家），用标企业数量最多的为2006年获地理标志保护的德化白瓷，用标企业数量为143家，排名第2位的是2004年获地理标志保护的安溪铁观音，德化白瓷和安溪铁观音在全国具有较高知名度，其用标企业数量与其知名度相匹配。

泉州市商标和地理标志产品发展各具特色，同时由于商标和地理标志从保

护到运用的不同方式，因此采用不同发展策略。其中，商标在数量积累优异的情况下，以建设知名商标，加强企业运用为主；地理标志在知名度广泛的情况下，以进一步挖掘并培育优良地理标志产品，加强现有地理标志产品的运用为主。

（一）加强商标知名品牌建设，提高企业商标运用

在 2021 年 12 月泉州市印发的《泉州市人民政府关于促进知识产权高质量发展的若干意见》中提到："强化知名商标品牌培育。发挥泉州商标品牌优势，加强驰名商标保护，发展传承好传统品牌和老字号，提升商标品牌的竞争力和市场价值。鼓励企业运用商标国际注册开拓海外市场，培育国际知名商标品牌。对新获得国家知识产权局驰名商标保护的泉州企业商标品牌，每件补助 30 万元。"

根据泉州市商标工作政策指导，可从以下两方面开展相关工作：

1. 加强商标管理和运用

商标的价值在于使用，商标获准注册之后，企业应正确、规范使用其注册商标，才能保证商标在法律上受到应有的保护，在市场上发挥出应有的价值。近年来，泉州市围绕商标大市和商标强市目标，加快推进商标品牌战略实施，不断巩固和强化"打不垮、抢不走、拆不散"的商标优势。截至 2023 年，泉州市商标有效注册量达 72 万件，连续三年保持全国地级市第 1 位；拥有驰名商标 159 件，居全国地级市前列。

为加大商标的管理和运用，充分利用大数据、云计算、移动互联网等现代信息化手段，建立泉州市商标数据库，纳入商标、商标持有人、商标运用情况等信息，由商标管理部门统一管理商标。同时构建以信息归集共享为基础、以信息公示为手段、以信用监管为核心的新型监管制度，强化事中事后监管的商标监测数据库，监测对商标的使用，及时发现商标侵权假冒、滥用等行为。

注册商标的使用是企业商标战略的实质内容，在实践中，企业可以根据自身的规模、产品种类、生产经营范围、销售状况及市场前景等实际情况，有针对性地确定使用商标的具体策略。商标的使用除自用外，还有他用，通过商标许可等策略，加强商标的使用。商标使用许可是企业经营中一种非常重要的商标使用方法，也是企业利用商标开拓市场的重要策略。注册商标使用许可，商

标权人将其所拥有的注册商标使用权分离出一部分或者全部许可给他人有偿使用，通过签订商标使用许可合同，许可他人使用其注册商标，并从中获得收益。许可使用后，许可人仍享有该注册商标的所有权，被许可人只取得其使用权。商标使用许可不发生商标所有权的转移，有利于更好地发挥商标促进商品生产和流通的作用，也是商标权人充分行使其权利的表现。

泉州市商标数据库的建设，一方面便于商标管理部门管理和监测商标情况，另一方面可以为商标的许可等行为提供方向。商标数据库的公开和信息共享为各类型企业根据自身商品筛选合适商标，提高商标的使用率，进一步提高商品的市场竞争力。

2. 加大商标的海外市场，使泉州商标走向世界

泉州市商标数量较多，处于我国城市领先水平。同时由于泉州市民营经济的发展性质，泉州市外贸规模持续扩大，2022年泉州市进出口总值2711.9亿元人民币，同比增长3.6%，进出口规模首次突破2700亿元大关，创历史新高，其中泉州市对"一带一路"合作伙伴进出口额超1400亿元，占全市进出口总额的半壁江山。2023年泉州市进出口总额为2599.29亿元人民币，比上年下降4.0%，其中对共建"一带一路"国家和地区进出口总额1729.52亿元。总的来说，泉州市在国际经济大循环中，民营企业主力军地位凸显，对主要贸易伙伴和"一带一路"合作伙伴进出口较稳定，市场采购贸易等新兴业态发展较快。因此加强对泉州市海外商标保护是保障泉州市企业全面走向世界的重要措施。泉州市可以从以下3个方面开展相关工作：

① 全面开展知识产权海外预警工作。依据《国家知识产权局 中国国际贸易促进委员会关于进一步加强海外知识产权纠纷应对机制建设的指导意见》（国知发保字〔2021〕33号），出台符合泉州市商标、品牌发展实际的工作体系，建立健全中国企业商标海外被抢注预警与应对机制，持续更新海外重点国家商标维权指南，指导中国企业合理应对商标海外纠纷。深入分析并学习国家知识产权局等发布的重大典型案例，收集整理海外知识产权纠纷应对典型案例，逐步建立并丰富专利、商标、地理标志、商业秘密、不正当竞争等领域案例库。依据泉州市进出口目标地区，加强对重点国家（地区）海外贸易信息数据统计与分析研判，为企业应对知识产权相关贸易调查提供基础支撑。

② 积极申报建设国家海外知识产权纠纷应对指导中心地方分中心。❶《国家知识产权局 中国国际贸易促进委员会关于进一步加强海外知识产权纠纷应对机制建设的指导意见》指出，为完善纠纷应对指导工作体系，优化工作网点布局，在需求高、基础好、条件成熟的地方布局建设国家海外知识产权纠纷应对指导中心地方分中心，探索在重点贸易国家（地区）建设国家海外知识产权纠纷应对指导中心海外分中心，形成海外纠纷应对服务网络。泉州市作为古代东方第一大港、"海上丝绸之路"的起点、中国品牌之都、外向型经济发展城市和我国对外贸易重点城市，商标有效注册量自 2020 年起保持全国地级市第 1 位，拥有驰名商标 159 件，居全国地级市前列。因此泉州市考虑全市资源优势，为进一步保障对外贸易过程中的商标运用和保护，在国家政策的支持和引导下，积极申报建设国家海外知识产权纠纷应对指导中心泉州分中心，根据泉州市地方特色制定工作计划，探索泉州市海外知识产权纠纷应对机制和工作体系。

③ 加强企业海外商标注册，助力品牌全球化发展。品牌"出海"当遵循"产品未动，注册先行"的原则，充分利用世界知识产权组织提供的全球品牌数据库（Global Brand Database）以及主要国家和地区的官方知识产权数据库的数据，在企业进入该国家或地区市场前开展深入分析，制定海外商标布局战略。海外商标注册申请途径包括马德里商标注册申请和单一国家注册申请，企业可以根据实际情况选择其中一种途径，也可以采用两种途径相结合的方式。其中，2022 年随着我国商标网上服务系统"马德里商标国际放弃业务"的网上申请功能正式上线，马德里商标国际注册业务全面实现电子化，我国申请人可在线办理马德里商标国际注册的申请、续展、转让、注销等全部 10 项业务。

（二）加强挖掘地理标志保护，提高地理标志运用

2021 年，中共中央、国务院印发《关于全面推进乡村振兴加快农业农村现代化的意见》，提出加快推进农业现代化，推进农业绿色发展，加强农产品质量和食品安全监管，发展绿色农产品、有机农产品和地理标志农产品。地理标志产品在助力乡村振兴方面具有独特优势。同年 7 月，为充分发挥知识产权制度优势，大力发展特色产业，积极打造区域品牌，助力贫困地区打赢脱贫攻

---

❶ 泉州市已于 2024 年 6 月获批设立海外知识产权纠纷应对指导地方分中心。

坚战，国家知识产权局印发《关于组织开展地理标志助力乡村振兴行动的通知》，提出开展地理标志助力乡村振兴行动对于促进农业高质高效、乡村宜居宜业、农民富裕富足等具有重要意义，并提出提质强基、品牌建设、产业强链、能力提升四大行动。2021年12月，国家知识产权局进一步印发《地理标志保护和运用"十四五"规划》，提出地理标志是重要的知识产权，是促进区域特色经济发展的有效载体，是推进乡村振兴的有力支撑，是推动外贸外交的重要领域，是保护和传承传统优秀文化的鲜活载体，也是企业参与市场竞争的重要资源，并制定夯实地理标志保护和管理基础、提升地理标志保护和管理水平、加强地理标志品牌建设、发展地理标志特色产业、扩大地理标志对外交流等五大目标任务。

2021年8月，国家知识产权局为强化地理标志保护，深化地理标志管理改革，推进国家地理标志产品保护示范区建设，推动地理标志高水平保护、高标准管理、高质量发展，印发《关于确定2021年国家地理标志产品保护示范区筹建名单的通知》，确定50家2021年国家地理标志产品保护示范区，泉州市获国家知识产权局批准筹建"安溪铁观音国家地理标志产品保护示范区"。2021年12月，国家知识产权局为进一步深化实施地理标志运用促进工程，有力推进提质强基、品牌建设、产业强链、能力提升等四大行动，及时总结推广经验，发挥好地理标志助力乡村振兴的重要作用，将160件地理标志列入运用促进重点联系指导名录，福建省共有4件，包括泉州市的安溪铁观音、福州茉莉花茶、福鼎白茶、建宁通心白莲。

2021年12月，泉州市人民政府印发《关于促进知识产权高质量发展的若干意见》，指出培育区域品牌经济，鼓励地方特色农产品申报注册地理标志商标、地理标志保护产品、农产品地理标志登记产品，提升地理标志品牌影响力和产品附加值，并提出对国家知识产权局新批准的地理标志保护产品，每件奖励申请单位30万元。

总之，近年泉州市高度重视地理标志保护工作，不断挖掘、培育地理标志产品，加强对地理标志产品申报和推广应用，地理标志的保护和运用也有效促进泉州市特色经济产业化、规模化、品牌化发展。作为全国茶产业界首件地理标志驰名商标，"安溪铁观音"创造了茶业总产值、茶业受益人口、茶业从业人员和茶叶产业化程度等多项全国产茶县领先纪录。

同时通过前述对泉州市地理标志产品的分析可知，泉州市地理标志产品数量、工艺品类产品占比、地理标志产品用标企业数量均高出福建省平均水平，但也存在着地理标志保护活动有所下降、运用活力下降且不均衡等状况。因此，泉州市应充分发挥地区地理标志优势，进一步挖掘地理标志产品，围绕地方特色地理标志转化和已有地理标志运用两方面工作双通道开展。

一是挖掘泉州市地方特色，加快向地理标志产品保护转化。泉州市地域特色鲜明，除已有的地理标志产品外，还拥有大量的地区特色产品，例如已被批准为地理标志证明商标的永宁太平洋牡蛎、南安蓬华芥菜、晋江深沪虾仁干、深沪花生、深沪糖芋、深沪鱿鱼干、深沪紫菜等，再如德化早熟梨、淮山黄酒、安溪淮山、安溪毛蟹茶、晋江市龙湖鲈鱼等。通过产品质量、知名度等筛选可以作为申报的地理标志预选方案，鼓励产品协会等积极参与产品标准的制定，全面健全地理标志保护产品标准体系，通过知识产权活动、农产品活动等加大地理标志产品预选方案的知名度，全面加快泉州市特色向地理标志产品的转化。

二是提高已有地理标志产品运用水平。近年泉州市持续加大地理标志相关工作，地理标志产品作为泉州市的地方特色经济释放巨大的经济效益，如"中国四大名醋"之一的馨香飘远的永春老醋，依托永春老醋，建设永春老醋文创园，大力宣传"永春老醋"品牌的同时，带动永春旅游产业发展；如在"中欧100+100"地理标志互认产品公示中声名显赫的安溪铁观音，在新华社、中国品牌建设促进会、中国资产评估协会等单位联合发布的"2023中国品牌价值评价信息"中，以1432.44亿元的品牌价值连续4年位列区域品牌（地理标志产品）价值第一，连续8年名列全国茶叶类区域品牌价值第一；如在"中泰3+3"地理标志互认互保中方产品中引人注目的德化白瓷，推动"世界瓷都"福建省泉州市德化县陶瓷产业产值超500亿元，产业规模处于国内领先地位。

泉州市地理标志产品涉及产业特色如表6-2-11所示。泉州市地理标志产品作为泉州市特色经济，对泉州市产业发展和经济增长贡献较大力量。因此围绕泉州市已有地理标志产品，依据目前产品的知名度、所属区域产业产值和全国影响力，培育并发展顶尖产品，打造如"安溪铁观音""德化白瓷"等另一个具有全国影响力的发展典范。尤其是针对用标企业数量较少的地理标志产品，加大对地理标志产品的宣传推广，树立企业的品牌意识。

表6-2-11 泉州市地理标志产品涉及产业特色

地理标志产品名称	产值规模	产业规划/特点	用标企业数量（家）
德化白瓷	2022年陶瓷产值达502亿元	2018—2022年，德化县实施陶瓷产业跨越发展五年行动，深入实施"陶瓷+"产业融合发展	143
安溪铁观音	2023年安溪县铁观音茶叶总产量6.2万吨，茶产业综合产值362亿元	创新"现代农业+文旅"发展模式，推进茶叶"四品一标"认证工作。鼓励、支持茶叶"四品"认证	124
永春老醋	2023年，永春县老醋产量达2.5万吨，产值19亿元	永春县研究制定了《永春老醋产业五年发展规划及2035年远景规划目标纲要》，并出台《关于促进永春老醋产业加快发展的十条措施》《永春县持续壮大有根产业发展的若干措施》等惠企政策	6
永春篾香	2022年达112亿元	形成上游的香料种植、中游以生态香香品制作、下游以芳香康养等为格局的一二三产业融合产业集群	37
永春佛手	苏坑镇佛手茶年产值约5亿元	深化"茶企+合作社+农户"发展模式，推动狮峰岩佛手茶规模化、品牌化、高端化	18
永春芦柑	销售总产值增加到10亿元以上	做强做优永春芦柑产业，不断提升永春芦柑的核心竞争力，构建一二三产业交叉融合的现代产业体系	16
湖头米粉	湖头米粉每年产值至少2亿元	确定湖头米粉、盐水花生、湖头荔枝等为本地富民主导产业，加大对特色产业扶持力度，推动湖头米粉、盐水花生、湖头荔枝等特色农产品转型升级	2
德化黑鸡	德化全县黑鸡存栏数达到150万多羽，每年群众可增收1200多万元	2021年，德化县已基本形成了集种苗培育、饲养、防疫、销售于一体的黑鸡产业网络，辐射带动周边10多个乡镇发展	1

续表

地理标志产品名称	产值规模	产业规划/特点	用标企业数量（家）
惠安余甘果系列产品	现已形成3万亩栽培面积、4万多吨年产量、1亿元年产值的规模体量	起草《余甘品种》《余甘育苗技术规范》《余甘栽培技术规范》《余甘鲜果》4个独立标准，依托消费体验+厂商调研+检测分析+气候属性+错位精培，育有7类品种，采用低位多头高接换种技术	0
永春漆篮	年产值约为3000万元	研发漆篮高端新品，实现由日用品向工艺品、收藏品的拓展，延伸产业链条	0
永春纸织画		与杭州丝织画、苏州缂丝画、四川竹帘画并称中国四大家织	0
岵山荔枝	荔枝产量可达2500吨	实现醋产业与荔枝产业的有机融合	0

五、全面落实政策引领，建立专利导航机制

（一）加大政策推广宣传，全面落实政策引领

国家重大区域发展战略是国家重大发展战略的有机组成部分，也是支撑建设现代化经济体系的重要内容，区域的发展离不开政策的顶层设计引导。近年来，国家层面、福建省层面、泉州市层面均出台了一系列政策，全面推动泉州市发展。

1. 国家层面

习近平同志在福建工作期间总结提出以"六个始终坚持"和"正确处理好五大关系"为主要内容的"晋江经验"，为民营企业指明了发展方向，并对支持民营经济健康发展、高质量发展作出一系列重要论述，有效增添民营企业发展的动力源泉，成为推动民营经济健康发展、高质量发展的根本遵循。2023年7月，中共中央、国务院印发《关于促进民营经济发展壮大的意见》，提出"不断创新和发展'晋江经验'，及时总结推广各地好经验好做法，对行之有效

的经验做法以适当形式予以固化"。

2. 福建省层面

《福建省国民经济和社会发展第十四个五年规划和二〇三五年远景目标纲要》强调坚持创新驱动，塑造发展新优势，指出要全面提升科技创新能力，优化创新资源布局，深化福厦泉国家自主创新示范区建设，支持福州、厦门、泉州全力打造科技创新发展"引领极"，以高新区和各类园区为依托，打造科技创新走廊。同时推动制造业主导产业扩容提质，建设先进制造业强省，推进先进装备制造高端化智能化发展，提升关键零部件基础配套能力，其中工程机械重点提升装载机、挖掘机、叉装车等产品品质，加快发展发动机、高压液压件等核心配套件，打造泉州、龙岩、厦门工程机械产业集群。电工电器重点发展稀土永磁电机、高端电工电器等产品，打造漳州、泉州电工电器生产基地等。

《福建省"十四五"科技创新发展专项规划》指出要高质量打造区域创新高地，打造沿海科技创新走廊，依托自创区和福州、厦门、泉州三个国家创新型城市，支持福州、厦门、泉州全力打造全省创新发展"引领极"，形成区域创新布局。聚焦国家重大科技战略任务和我省创新发展需求，支持福州、厦门、泉州建设中国东南（福建）科学城、厦门科学城、泉州时空科创基地等各具特色、充满活力的科学城，加快提升创新型城市建设水平。

《福建省"十四五"知识产权保护和运用规划》提出知识产权发展的五大任务和六大工程，其中泉州市涉及构建知识产权运营生态等促进知识产权运用、推动经济高质量发展的重点任务，并在知识产权运营及服务体系建设工程中强调，要充分发挥厦门、泉州等国家知识产权运营服务体系重点城市知识产权运营模式创新的策源地和示范引领作用；依托海峡技术转移中心和福州、厦门、泉州等重点城市技术转移中心，围绕"六三五"产业新体系以及数字经济、海洋经济、绿色经济和文旅经济等重点领域建设产业知识产权运营中心。

3. 泉州市层面

《泉州市国民经济和社会发展第十四个五年规划和二〇三五年远景目标纲要》强调，泉州市全面建设国家创新型城市，打造区域科技创新高地，围绕产业链部署创新链、围绕创新链布局产业链，打造环湾创新集聚区，持续提升两翼创新能力,强化以点带面、以面带全的创新格局。

《泉州市"十四五"制造业高质量发展专项规划》对泉州市制造业发展提出十大主要任务,以期精准把握未来科技发展方向,加大创新研发投入,以技术创新推动新兴产业培育和优势主导产业转型升级,提升其在全球产业价值链分工中的地位和竞争力。围绕知识产权工作,重点提升企业自主创新能力,加大创新企业科技服务,加强中国(泉州)知识产权保护中心建设,面向智能制造、半导体领域开展专利快速预审和快速确权工作。实施品牌提升工程,持续加大自主品牌培育,加快培育一批拥有自主知识产权和核心竞争力的国际化"品牌产品""品牌企业",推进以技术创新为基础,以地理标志商标和地理标志保护产品等为核心的品牌发展战略。强化知识产权有效运用,着力"六大主导产业",引导和帮扶龙头企业强化知识产权产出和运用,着力三大战略性新兴产业和未来产业,强化知识产权研发和成果保护。

《泉州市"十四五"知识产权发展专项规划》指出,面临泉州市知识产权发展机遇和挑战,锚定知识产权助力泉州高质量发展超越,发挥知识产权支撑和引领创新发展中的作用,围绕产业链部署创新链,围绕创新链布局产业链,构筑引领创新的"商标品牌矩阵",打造区域性创新高地,为推动高质量发展超越提供有力保障。同时依据《泉州市"十四五"规划》制定知识产权创造、保护、运用和服务专项规划核心指标。围绕知识产权管理、创造、环境、转化运用效益、服务链条、文化高地制定六大主要任务,开展知识产权强企工程、知识产权助力产业发展工程、专利运营促进工程、商标品牌提升工程、地理标志助力乡村振兴工程、版权和文化兴业示范工程、知识产权人才培育工程等七大工程。

《泉州市人民政府关于促进知识产权高质量发展的若干意见》更是从高质量创造、高效益运用、高标准保护、高水平服务四个方面提出发展意见,制定以下奖励制度:

① 促进知识产权高质量创造。制定建立健全高质量创造机制、强化发明专利评价导向、培育专利密集型产业、培育知识产权强企、强化知名商标品牌培育、培育区域品牌经济、推动版权产业发展等7条政策。其中,开展创新引领、风险防御、转型升级三个类型高价值专利培育项目,分别补助50万元、40万元、30万元;对新获得国家知识产权局驰名商标保护的泉州企业,每件补助30万元。

② 促进知识产权高效益运用。制定鼓励企业购买发明专利、促进高校院所专利转移转化、鼓励知识产权运营机构在泉落地、奖励优秀专利实施项目、推动专利与技术标准融合发展、培育知识产权示范和优势企业、开展知识产权质押贷款贴息、推动知识产权金融创新、开展企业购买知识产权保险补助等9条政策。其中,按年度发明专利实际交易额分别给予企业、高校院所、知识产权运营机构10%、10%、5%的奖补,每个最高30万元;对知识产权融资租赁,参照一年期LPR(贷款市场报价利率,Loan Prime Rate)的30%予以贴息;对通过知识产权证券化融资的企业,按实际融资额的2%给予补助,每家企业最高补助30万元。

③ 促进知识产权高标准保护。制定实行严格的知识产权保护、构建知识产权大保护格局、健全知识产权协同保护体系、提升知识产权"诉调对接"、建立泉州市知识产权专家库等5条政策。其中,每年评选不超过5个优秀知识产权保护工作站,对每个优秀工作站奖励5万元;鼓励国内外知识产权领域知名律师事务所来泉州设立机构,鼓励知识产权律师来泉工作。

④ 促进知识产权高水平服务。制定加大知识产权服务供给、提高知识产权管理能力、加快知识产权人才培养、强化知识产权宣传等4条措施。其中,对知识产权运营机构年度主营业务收入达到1000万元的,一次性奖励20万元;对企业在职人员且连续工作满1年以上,新取得专利代理师资格证书的,每人一次性奖励5000元,已有专利代理师资格证书又新取得法律职业资格证书的,每人一次性奖励3000元。

2023年,泉州市为深入落实省委、省政府实施新时代民营经济强省战略部署要求,全面实施创新驱动发展战略,不断创新和发展"晋江经验",加快推进"开放创新、智造未来",泉州市构建了"1+3+N"科创政策体系,其中:

① "1"为纲领性文件,即泉州市委、市政府印发的《关于加强创新驱动引领高质量发展的实施意见》,提出26条举措,突出坚持龙头引领,专精特新、高新技术企业一起抓;坚持应用导向,科技创新、工业设计一起抓;坚持两化融合,产业数字化、数字产业化一起抓;坚持海纳百川,本地研发、异地研发一起抓。

② "3"为智能制造数字化赋能、工业设计能力提升和专精特新企业倍增3个三年行动方案。数字化赋能方面,根据企业数字化转型不同阶段,分行业分

层级,提供诊断咨询、设备改造、软件应用等差异化服务,带动产业数字化提质加速,促进数字产业化。工业设计方面,通过强基础、育平台、铸链条、抓赛事、优生态,推动泉州工业设计由传统外观造型设计向功能、结构、材料集成运用的现代工业设计转变;专精特新方面,布局15个专精特新专属园区,导入研发创新资源,推动专精特新企业集群向百亿、五百亿、千亿规模发展。

③"N"为12份系列配套政策文件,围绕打好产业发展"强引擎、建载体、铸链条、提存量、拓增量、优环境"组合拳,深入实施"工业园区标准化建设""抓创新促应用""绿色数字技改"等专项行动,出台12份新政策,全力推动高新技术企业、研发投入、高端研发平台、高层次人才实现"四个倍增"。

政策作为国家和地区调控发展的重要手段,对国家和地区经济、科技等多方面发展具有重大作用。习近平总书记在中国科学院第二十次院士大会、中国工程院第十五次院士大会、中国科学技术协会第十次全国代表大会上的讲话中强调,科技事业在党和人民事业中始终具有十分重要的战略地位、发挥了十分重要的战略作用。我们必须坚持把科技创新摆在国家发展全局的核心位置,全面谋划科技创新工作。合理运用功能性科技政策促进经济高质量发展,是科技创新总体战略的一部分。❶

因此围绕"宣传政策、落实政策",开展政策服务,全面落实我国、福建省和泉州市对泉州市的发展政策规划,汇聚和带动各类优质服务资源,加快区域发展速度。具体可开展以下工作:

一是广泛宣传政策。目前全球处于信息化时代,新媒体表达方式丰富多样,因此要充分利用电视、报刊、网络等渠道,积极运用短视频、直播等新媒体方式,将现代新媒体技术充分融入政策宣传工作中,多渠道、多形式宣传解读相关政策,扩大政策宣传覆盖面,提高创新主体、科研团队、创新人才等政策知晓率。

二是精准推送政策。充分发挥区域企业团体、科研协会、产业协会等组织的信息筛选和融合作用,通过各级各类政策服务互联网平台及政策服务应用App,汇集各类知识产权创新发展政策,加强政策"个性化"推送和精准匹配,提高政策可见度。

---

❶ 陈少君,王晓蕾. 经济高质量发展离不开科技政策推动作用[N]. 光明日报,2022-01-27.

三是咨询解读政策。我国在重要政策发布后通常会伴随着政策解读，便于政策的理解和推广，因此针对泉州市知识产权创新发展政策，根据企业、高校、区域知识产权管理部门、园区、产业集群等不同受众群体，广泛开展"政策大讲堂""服务面对面"等活动，提高政策推广的及时性、准确性和全面性。

四是帮助享受政策。泉州市知识产权政策涉及多项奖励、补贴措施，因此知识产权相关部门应充分发挥政策桥梁作用，加强政策落实力量，为奖补对象提供政策解读、政务代理、诉求办理等服务。

（二）发挥政策支撑作用，建立专利导航决策机制

开展专利导航工作，能够推动建立专利信息分析与产业运行决策深度融合、专利创造与产业创新能力高度匹配、专利布局对产业竞争地位保障有力、专利价值实现对产业运行效益支撑有效的工作机制，实现产业运行中专利制度的综合运用；有助于促进创新资源的优化配置，增强关键领域自主知识产权创造和储备，助力实现高水平科技自立自强，保障产业链、供应链稳定安全。因此专利导航对于区域、产业、企业发展具有重要的指导意义。

福建省首创以省市联动方式实施"1+10"专利导航产业发展创新计划，初步建成全省自主知识产权竞争力产业导航大数据中心，全面推动知识产权运用水平大幅提高。"十四五"期间，福建省将继续引导建立产业专利导航决策机制，优化战略性新兴产业发展模式，增强产业集群创新引领力，促进产业知识产权协同运用，并实施重点领域、重点产业专利导航项目，引导关键核心技术攻关，强化高价值专利培育导向；探索设立专利导航服务基地或高价值专利培育运营中心，支持企业培育高价值专利；建立知识产权服务对接重点产业、重大项目工作机制，重点提供专利导航等高端服务，促进知识产权服务业健康发展。

"十三五"期间，泉州市知识产权事业发展良好，创新活力释放，知识产权运用效益不断增强，探索知识产权对产业发展的推动作用，率先在全省开展纺织面料、水暖卫浴等重点产业专利导航工作，开展专利密集型企业培育工作，31家企业被列入首批专利密集型企业培育入库对象，"培育专利密集型企业"作为可复制推广改革创新政策举措，在福厦泉片区内推广。围绕泉州产业创新发展，启动实施21个高价值专利培育项目、7个产业规划类专利导航

项目、20个企业运营类专利导航项目，引导企业和产业运用专利导航优化专利布局，明确创新发展的技术"路线图"。

根据《2022年泉州市知识产权发展与保护状况（白皮书）》，泉州市在知识产权保护上坚持向高攀升、向新探索、向融发力、向深奋进、向全拓展，作答知识产权融入产业发展问卷，知识产权工作取得显著成效，尤其是培育以专利技术为支撑的创新经济，通过立项支持高价值专利和专利导航项目等措施，推动创新主体在核心零部件、重要原材料、优化替代品上"充实、优化、完善"专利布局，据统计，至2022年底已立项支持的24个高价值专利组合项目，3年来共创造销售额290.76亿元，新增税收13.22亿元，而立项支持的石墨烯等10个产业规划类、运动鞋鞋底缓震技术等30个企业运营类专利导航项目促进产业链与创新链精准对接，加速科技成果转移转化，以专利为支撑的创新经济在经济社会发展中的促动效应日益凸显。

"十四五"期间，泉州市聚焦"六三五"产业新体系的战略部署，全面发挥知识产权在产业强链建链补链、低碳集约绿色发展和引领产业企业创新发展中的作用，加速提升知识产权的创造质量、运用效益、保护能力和管理服务水平。推动专利导航在"六三五"产业发展中的应用，开展产业规划类专利导航，是泉州市培育专利密集型产业，促进知识产权高质量创造的重要措施，鼓励专利密集型企业开展企业运营类专利导航，也是泉州市培育知识产权强企的重要措施之一。在《泉州市"十四五"知识产权发展专项规划》中更是制定到2025年知识产权创造能力显著增强的发展目标，其中强调要"组织实施30个以上高价值专利培育项目、20个以上产业规划类专利导航和40个以上企业运营类专利导航项目"，专利导航成为泉州市知识产权高质量发展的重要内容。

明晰专利导航对泉州市创新发展的意义，需要进一步明确在未来发展阶段中，泉州市可以开展专利导航的产业、企业或区域，这些信息同样通过福建省、泉州市发展政策规划获取。

《福建省"十四五"制造业高质量发展专项规划》提出实施福建"强制造"计划，强调万亿主导产业、传统优势产业、前沿新兴产业发展布局：

① 围绕万亿主导产业的电子信息和数字产业，依托福州、厦门、泉州、莆田等重点区域，推进集成电路特色园区建设；以厦门、泉州、福州、漳州、龙岩等地为重点，完善LED芯片到产业应用链条，带动LED产业向上下游两端延伸。

② 围绕万亿主导产业的先进装备制造，以厦门、龙岩、泉州等地为主要集聚区，发挥龙工、厦工、晋工、泉工、林德叉车、南方路机、铁拓机械等重点企业作用，发展工程机械产业；以福州、泉州、龙岩、漳州、三明为主要集聚区，发展纺织机械、石材机械、智能制造装备关键零部件等产品，加快晋江智能装备产业园、泉三高端装备产业园建设；以泉州、漳州、厦门、福州、莆田为主要集聚区，推进洛江区智能装备产业园和南靖闽台精密机械产业园等建设。

③ 围绕万亿主导产业的现代纺织服装产业，依托泉州、莆田等产业集聚区，发挥华峰、特步等重点企业作用，发展鞋业。

④ 围绕传统优势产业的食品加工产业，以泉州、漳州为重点，打造闽南休闲食品产业集群。

⑤ 围绕传统优势产业的冶金产业，以三明、福州、漳州、泉州、宁德等地为重点，发挥三钢、三宝、大东海等重点企业作用，推动产业向高端延伸及应用，打造绿色高端钢铁生产基地。

⑥ 围绕传统优势产业的建材产业，以泉州、福州、漳州等地为重点，提升晋江、闽清陶瓷产业区域品牌和集群发展水平；以福州、三明、泉州等地为重点，优化墙体材料产业发展布局；以泉州等地为重点，优化石材产业发展布局。

⑦ 围绕前沿新兴产业的新材料产业，石墨烯重点以福州和厦门为创新核心区，以厦门火炬高新区、泉州晋江和三明永安为产业集聚区，打造"两核三区"产业发展格局。

⑧ 围绕前沿新兴产业的新能源产业，以莆田、泉州异质结电池及生产装备创新发展产业园为主要集聚区，发展光伏产业。

在《福建省"十四五"制造业高质量发展专项规划》中，开展千亿产业集群培育工程，其中打造泉州市纺织服装产业集群、现代钢铁产业集群等两个5000亿元产业集群，高端装备产业集群、泉州制鞋产业集群等两个3000亿元产业集群，电工电器产业集群、泉州建材产业集群、纸及纸制品产业集群、工艺美术产业集群等4个1000亿元产业集群。

《福建省"十四五"战略性新兴产业发展专项规划》进一步强调泉州市发展高性能集成电路、光电产业、工业互联网、智能机器人、激光与增材制造装备、石墨烯材料、光伏电池产线设备、光伏电池制造、海洋生物医药、区块链等产业和技术，培育集成电路产业集群、软件和信息服务业产业集群、高端装备产业集群、高效光伏产业集群、生物医药产业集群等。

《福建省"十四五"科技创新发展专项规划》指出要实施高新区高质量发展行动和深化海峡两岸创新融合发展行动：

① 泉州国家高新技术产业开发区以机械装备、电子信息等为主导产业，推动新一代信息技术、太阳能光伏、集成电路等新兴产业快速发展。

② 泉州半导体省级高新技术产业园区重点发展集成电路、化合物半导体、光电三大产业，形成具有国际竞争力的半导体产业集群。

③ 推进厦门、泉州打造海峡两岸集成电路产业合作试验区，支持厦门、泉州、漳州等地建设半导体高端材料产业园。

《泉州市国民经济和社会发展第十四个五年规划和二〇三五年远景目标纲要》指出要推进产业链供应链优化升级，加快构建具有区域竞争力的现代产业体系，培优做强锻造纺织鞋服、石油化工、建材家居等3个万亿级产业集群和机械装备、电子信息、健康食品等3个五千亿级产业集群的六大主导产业，培育壮大战略性新兴产业，加快形成新材料、新能源、生物医药等一批战略性新兴产业集群，加快发展数字服务、商贸物流、文化旅游、健康服务、金融服务五大现代服务业。

根据福建省、泉州市发展规划和政策布局，泉州市进一步明晰了"六三五"产业内容、现代产业体系和关键信息技术，围绕泉州市产业、企业、技术发展重点和发展规划，强化专利导航政策支撑效应，建立常态化专利导航机制：一是细化泉州市六大主导产业、三大战略性新兴产业、五大现代服务业、九大千亿产业集群等产业分支，基于专利导航开展产业发展路径分析。二是盘点泉州市产业龙头企业、知识产权示范和优势企业、高校、科研院所等，梳理产业体系中创新主体创新现状，围绕主导产业和优势产业加强知识产权优势企业培育，实现泉州市创新人才培育工程。三是提升研发创新投入产出效率与科研成果转移转化效果，整合区域资源加强关键核心技术攻关，提升产业发展竞争力，为泉州市积极融入国际大循环提供助力。